我想成为的母亲，我想养育的孩子

MY EVERYTHING
The Parent I Want to Be,
The Children I Hope to Raise

[以色列] 埃纳特·内森（Einat Nathan） 著　于明阳 译

MY EVERYTHING
Copyright © 2018 by Einat Nathan
Published by arrangement with Aevitas Creative Management, through The Grayhawk Agency Ltd.

© 中南博集天卷文化传媒有限公司。本书版权受法律保护。未经权利人许可，任何人不得以任何方式使用本书包括正文、插图、封面、版式等任何部分内容，违者将受到法律制裁。

著作权合同登记号：图字18-2022-125

图书在版编目（CIP）数据

我想成为的母亲，我想养育的孩子 /（以）埃纳特·内森（Einat Nathan）著；于明阳译 . —长沙：湖南文艺出版社，2023.7
 书名原文：My Everything
 ISBN 978-7-5726-1219-0

Ⅰ．①我… Ⅱ．①埃… ②于… Ⅲ．①家庭教育 Ⅳ．① G78

中国国家版本馆 CIP 数据核字（2023）第 095106 号

上架建议：亲子教养

WO XIANG CHENGWEI DE MUQIN, WO XIANG YANGYU DE HAIZI
我想成为的母亲，我想养育的孩子

著　　者：［以色列］埃纳特·内森
译　　者：于明阳
出 版 人：陈新文
责任编辑：匡杨乐
监　　制：吴文娟
策划编辑：董　卉
特约编辑：逯方艺　吕晓如
版权支持：王媛媛　姚珊珊
营销编辑：傅　丽　杨若冰
封面设计：利　锐
版式设计：潘雪琴
出　　版：湖南文艺出版社
　　　　　（长沙市雨花区东二环一段 508 号　邮编：410014）
网　　址：www.hnwy.net
印　　刷：三河市百盛印装有限公司
经　　销：新华书店
开　　本：875 mm × 1230 mm　1/32
字　　数：205 千字
印　　张：8.5
版　　次：2023 年 7 月第 1 版
印　　次：2023 年 7 月第 1 次印刷
书　　号：ISBN 978-7-5726-1219-0
定　　价：58.00 元

若有质量问题，请致电质量监督电话：010-59096394
团购电话：010-59320018

目录
Contents

1 **为人父母：真实的故事**   001
   为什么说父母之道首先在于亲子关系

2 **孩子所在之处不会安静沉默**   004
   一次死产经历让我成为如今的母亲

3 **别把孩子当作你的名片**   010
   孩子并不是为了让我们开心或骄傲而存在的

4 **焦虑会让你错失很多精彩**   013
   为什么说我们的焦虑毫无必要

5 **如何倾听孩子的心声**   019
   以及如何教会孩子倾听

6 **给爸爸腾出些空间**   028
   爸爸更擅长做的那些事

7 **同睡一张床**   033
   有些宝宝需要和父母睡在一起

8 **人生中的告别**   038
   在幼儿园、在临睡前：用正确的方式说再见

9 **在怒气中成长**   043
   为什么发脾气是发展上的成就？该如何应对？

10 **怎样与孩子谈话** 048
为什么说我们没有被孩子冒犯的特权？

11 **男孩有泪可轻弹** 053
被我们扼杀的哭泣会转化为攻击

12 **"快点，我们出发吧！"** 056
当我们失去耐心时，会对孩子产生什么影响？

13 **"过去，说声对不起"** 060
我们如何教孩子承认其他人的痛苦？

14 **爸爸妈妈吵架时** 064
孩子会从父母的关系中看到什么？

15 **鹳的来访** 069
家庭中的新成员

16 **争吵也是件好事** 074
特别是在父母不加干预时

17 **"我爱你，但我也讨厌你"** 078
应对负面情绪，为复杂的人际关系做好准备

18 **不同寻常的祝福** 083
记得感到幸福的最初缘由，并为之庆祝

19 **被忽视的孩子** 086
我们怎样才能注意到他？他需要我们怎么做？

20 **孩子总是开心不起来** 090
没什么事能让她开心起来，那么你呢？

21 **与孩子的约定：小字条款** 095
怎样提高孩子信守承诺的能力

22 天哪,一年级! 步入校园后面临的复杂情绪问题	099
23 培养孩子的"骨气" 帮助孩子塑造高自尊的正确方式	103
24 作业是孩子自己的事 最重要的一课是教会他们承担责任	108
25 不要溺爱孩子 给孩子提供不必要的服务,他们便无法成长为独立的成年人	114
26 放弃掌控感并不是输 尊重孩子和他们傻乎乎的决定	121
27 离不开屏幕的生活 如何处理来自屏幕世界的诱惑	125
28 分享生活 和孩子讲讲我们的生活是一项日常任务	129
29 如何与孩子谈"性" 为什么说任何时候开始都不嫌早	133
30 社交雷区 如何在我们无法进入的领域支持他们	138
31 不要让自己伤心 父母受伤的心是孩子最沉重的负担之一	143
32 如何保护孩子远离"坏朋友" 处理对孩子造成伤害的社会影响	147
33 霸凌是容忍的底线 孩子不该独自面对霸凌	152

34 聊聊有关"狼"的事 　　156
如何保护孩子免受性骚扰

35 教育男孩远离性骚扰 　　161
谈到"性",父母必须有自己的教育方案

36 我的小可爱去哪儿了？ 　　166
欢迎来到青春期

37 当孩子成为我们凌乱的抽屉时 　　170
面对他们上演的捣蛋剧目,我们应该怎么办？

38 "追求"他们 　　173
避孕、毒品和酒精：与孩子保持良好的关系

39 镜子前开始成熟的女孩 　　180
当身体发生变化时,行为模式和看法也会随之改变

40 一封想象中的青春期女孩的来信 　　185
如果她真诚地给你写一封信,那么信的内容会是这样的

41 肥胖也是孩子自己的事 　　189
为什么说肥胖是孩子自己的事

42 羞耻带来的挑战 　　196
如何帮孩子应对羞耻感

43 警惕竞争 　　199
自我价值感不该只基于一个标准

44 我的孩子是个普通人 　　203
教孩子接受平凡

45 帮助孩子摆脱Instagram带来的困扰 　　207
在社交网络上安度青春期

46 父与子,母与女 212
　　同性别孩子会如何激发我们的反应

47 永恒的黄金时光 216
　　和家人共度的时光,孩子真正能记住的是什么?

48 老一辈的育儿之道 222
　　值得从我们父母那里借鉴的正确做法

49 离婚——是灾难,还是危机? 230
　　选择权完全掌握在你手中

50 给"坏妈妈"的指南 235
　　是的,你也会经历很糟糕的日子。这是你的应对方案

51 为人母的十八年里,我领悟的十八个道理 240
　　一份实用见解清单

52 一句鼓励的话 247
　　归根结底,这才是真正重要的事情

53 八年来,我一直在和目光看向别处的孩子说话 253
　　患有自闭症的儿子十六岁生日那天,作为妈妈,我在想些什么?

54 "怎么了,亲爱的?" 260
　　为什么说养育孩子别无他法?

My Everything
我想成为的母亲，我想养育的孩子

— 1 —

为人父母：真实的故事

我们怎样为人父母——现在及将来会成为怎样的父母，是每时每刻都在不断被改写的故事。这个故事关乎如何去爱以及爱本身，关乎沟通与自我，关乎恐惧和磨难，关乎我们已经抛在脑后的种种旧痛和不断出现的新痛，关乎勇敢与谦逊、完美与不完美、和谐与不和谐。可最重要的是，这个故事有多个讲述者，也有不同的讲述角度。

凭借我与很多父母数千次接触所获得的经验，再结合我自己的育儿经，以及我所掌握的专业知识，我将我眼中这个为人父母的复杂故事写了下来。孩子教给我的道理被写进了我的人生故事中，在此呈现给你们，因为我认为，我们如今就应该这样谈论如何为人父母。

孩子降临到这个世界上时并不会自带"使用手册"。正如我们无法奢望能够隔一天喂一次奶，或者是只在我们乐意时给孩子换尿布，当踏上为人父母的旅程时，我们也无法忽视孩子在真正成人的道路上于情感层面的需求。这也是我们为什么经常在育儿区域的书架旁感到迷茫不已,将希望寄托在那些新技术上,期待它们能够让孩子睡个整觉、精通预备课程,还能每周为我们送上带有感谢卡的鲜花,感谢我们为他们所付出的一切。同时,我们不那么关注自己内心的声音,却过于关注我们的焦虑和操场上其他孩子的父母。我们失去了很多乐趣,总是在自我挣扎、怒气冲冲,还感到精疲力竭,但我们还是觉得自己做得远远不够,一切都被包在名为愧疚的美丽包裹当中。

为人父母最大的挑战,在于试着拓展自己下意识理解事物的方式,重新考虑我们的这些想法——"这个姑娘每天早上起床就是来逼疯我的""他在测试我""她在指使别人""他是故意这么做的""如果我们不插手,他们就会自相残杀",以及其他无数曾经在我们的脑海中浮现的想法。然后我们就做出了这样的反应——平息孩子之间的矛盾,为他们的调皮捣蛋感到气恼,又在他们乖巧可爱时满怀喜爱之情。我们经常发现自己的反应取决于孩子以及他们的行为,是以我们并未完全掌控局面。实际上,很多事情都超出了我们的控制范围,但我们能够控制住的是家庭内部的关系。

我相信塑造良好的家庭环境、改善父母与孩子之间的关系、父母的直觉和好意都会使我们更好地为人父母,我也相信,有时候换一种思路或是从不同角度解读事情能达到事半功倍的效果,并为我们书写的故事增添更多幸福的时刻。

希望我讲的这些能够让你对自己的故事有更好的理解。其实,为人父母最重要的不在于你要掌握哪些方法和技巧,也不是要你在孩子面前树立威信,为他们定规设限。谈及为人父母,最重要的是讨论父母与孩子之间的关系。亲子关系并非一种平等关系,而是一种彰显平等价值的关系。在这种关系中,我们需要找到自己的角色定位（没错，我们的确扮演着某种角色），即便孩子一言不发，我们也能理解他们想告诉我们什么，知道他们真正需要什么，但这并不是要我们更严厉地管教孩子，或是为他们设定更多的界限。最重要的是，我们要从自己与孩子之间的关系出发来看待为人父母这件事，知道自己对孩子来说有多么重要，考虑自己想要教给孩子哪些生活技能，同时还要照顾孩子的自尊心，因为我们能够轻易影响他们的自尊心。这段关系需要经历成长、挫折、成人、学业、分歧等一系列考验，还必须为孩子提供面对各种困难、人际关系、社会身份、生活琐事等挑战所需的一切能力，使他们能够在这个弱肉强食的丛林社会中生存下去。一旦我们与孩子之间形成了这种良好的关系，我们也会变得更加强大。

为人父母的感觉就像是蹦极，既令人提心吊胆，又令人乐在其中，时而让你体验飞翔的快乐，时而又把你重重地向下抛去。但只要你敢于迈出那一步，当翱翔在天地间，感受风吹到你脸上的时候，你就会收获无与伦比的欢欣与喜悦。记住，一条生命线已经将你牢牢地拴住：你的孩子会是你纵身一跃时最好的支柱。是他们让你鼓起足够的勇气成为一名父亲或母亲，也只有他们能够让这些奇妙的时刻成真。那么，现在抓紧，深呼吸，让我们即刻启程吧！

— 2 —

孩子所在之处不会安静沉默

我和我的丈夫正满心欢喜、激动不已地前往产房,准备迎接一对双胞胎男孩的到来,此时已是我怀孕的第39周。再过几小时,他们就会和我们成为一家人了。在过去几个月里,我们已经做好了一切能够想到的准备:订购了所有能够用到的婴儿设备,还从城中一家挤满单身人士的三明治吧楼上的一居室公寓搬到了一个安静的社区,这里随处可见推着婴儿车走动的人。

我独自进了监护室,而我的丈夫尤瓦尔在外面等候。对双胞胎来说,一开始总是很难找到他们的心跳,但经过我们仨这几个月来的相互陪伴,我已经能够清楚地辨别他们各自在我身体中的位置。右边的宝宝特别活泼,而他的兄弟就显得安静许多,但存在感丝毫不少。我告诉助产士在哪个位置能够找到他们,还建议她从左边的宝宝开始接生。"你总是先找到他的心跳,他更有耐心,"我开玩笑地说,"他的兄弟可就不是这样了。"

我记得有几分钟,助产士遇到了些困难,当时我心想,她可能刚从护士学校毕业吧。

"你是自己一个人来的,还是有人陪你一起来的?"她问我,然后起身去屋外找尤瓦尔,此时她已经比我们提前知晓,几秒钟后我们的世界就会崩塌。

尤瓦尔面带愁容地走了进来。助产士和医生跟在他后面,他们特别小心地解释说,他们需要做一次超声检查来确定心跳的位置。和之前每次做超声检查时一样,尤瓦尔握着我的手。医生看着屏幕,放下了探头,告诉我们我肚子里的小生命已经结束了。

这是我第二次怀孕。第一次怀孕时,小生命终止于第22周。我们悲恸欲绝,觉得这是命运在和我们开玩笑,为此遭受了前所未有的巨大打击。在大女儿离我们而去的四个月后,当我看到显示器上两个跳动着的脉冲时,我心想,这一定是上帝对我的补偿吧。上帝一向赏罚分明,才赐予我的子宫这两个小生命:我将要有两个孩子,一个是对逝去生命的补偿,另外一个是陪伴他的小兄弟。我们想,终究还是会有更好的事情等着我们的。怀孕的过程并不容易,但当我们顺利做完羊膜腔穿刺术后,我们觉得这次一定万无一失了,因为第一次怀孕就是在这个阶段画上句号的。我的孩子不会有可怕的基因缺陷。一切都很顺利。

因为身材娇小,无法承受孩子的重量,到了一定阶段,我便开始卧床休息。我时常会伸出双臂,用指尖感受我的腹部。我还一心想着,等这次特殊经历结束后,我能够重新穿上牛仔裤,并盼望着赶紧到第36周,因为按照我的主治医师的说法,那时就能避免早产的风险了。我像是一个卧床休息的骑兵,休息的同时也守护着我肚子里的孩子,而他们也在守护我,可是天上的神明在守护的过程中睡着了。

死产(stillbirth)的字面含义是安静地生产,你既听不到婴儿的啼哭声,也看不到婴儿的活动。最晚到22周时,如果胎儿出现任何问题，都是可以进行人工流产的。而晚于这个时间的话，一般就需要将胎儿分娩出来。这一过程和普通的生产一样，要在产房里经历引产和宫缩。有时，胎儿会因为某种缺陷或脐带问题在子宫中死亡，可大多数情况是像我们这样的，没人知道其中的原因。

如果是你，你会如何面对这样的事情？事实就是，你无法面对。我声嘶力竭地痛哭了一个半小时，我从未想过自己能够发出这么大的声音。当我感觉眼皮已经完全哭肿时，才真正体会到"眼泪流干"的含义。然后，我意识到更艰难的事情还在后面。我必须完成分娩，而且在此之前，我们还要告知双方父母这件事情：打电话给关心我、爱我的父亲和尤瓦尔的父母，他们已经为双胞胎的来临"备战"多日。我父亲在半小时内就赶到了。30分钟后，尤瓦尔的父母也来了。我只见父亲哭过几次，而这次是他最伤心的一次。

他们坐在产房外面，旁边围绕着其他兴奋的准祖父母，他们听到越来越多的人说宫口已经全开了，妈妈很勇敢，宝宝很健康。当父亲过来拥抱我时，我唯一能够和他说的就是："对不起，爸爸。"我为令他们失望而感到抱歉，为让他们感到痛苦和难过而感到抱歉，也为自己没能完成他们如此简单的心愿——抱上（外）孙子而感到抱歉。

此刻我意识到，为了减轻他们的痛苦，我必须坚强起来，把自己破碎的心重新黏合在一起。为了我自己，为了尤瓦尔，也为了我们的父母。接着，我开始在产房中说一些带有黑色幽默的话。我已记不清自己到底说了什么，但我们的确大笑了起来，我们又笑又哭。而就在那时，在歇斯底里的笑声和痛苦的啜泣声中，我意识到我们会好起来，也意识到我足够坚强，可以向内探求，为我自己，也为我最爱的人带去些许欢乐。我会没事，他们也会没事。

18小时后，随着我向外用力一推，我的大儿子出来了。我之前一直相信右边的孩子会先出来，因为在我的肚子里时，他就表现得更像哥哥。我想，他一定是让他的兄弟在他前面出来了。几分钟后，右边的孩子也跟着出来了。医护人员鼓励我抱抱他们，和他们告别，给他们离别前的最后一吻。其中一个助产士告诉我，他们——我逝去的孩子们有多么好看，以及告别这个让人悲痛的过程有多重要。可如果我看到他们，我会发疯的。我打心底里知道，如果我抱着我逝去的孩子们，我所剩无几的生命也会在产房里消失殆尽。"到底什么样的母亲会不想同自己的孩子告别呢？"我正想着，他们开始缝合我的伤口。我感到浑身疼痛，一切都变得模糊起来，但我得拯救自己的意识却十分清晰。我知道我不能像罗得的妻子一样回头，不然我就会变成一根盐柱[①]。所以，为了活下去，我选择成为一个抛下逝去孩子的母亲。1999年3月7日，在6号产房，我选择了活下去。

		那年，卫生部已禁用了抑制母乳分泌的药物。当我在家中淋浴时，我发现自己的身体饱受摧残，伤口缝针处疼得厉害，乳房还在向下滴乳汁。这次的淋浴体验糟糕透了。之前，我一直盼望着产后在家的第一次淋浴，但是并没有人让我事先准备好接受母乳从我的乳房中渗出的残酷时刻：它在提醒我，已经没有人需要我喂养了。我坐在浴室的地板上，任凭水从我身上流过，夹杂着从乳房中渗出的乳汁和我的泪水。这次分娩已经结束了，而我的生活还要继续。

	[①] 出自《圣经·创世记》，罗得的妻子在所多玛城被烧毁时违背天使的指令，回头看了一眼，就变成了一根盐柱。——译者注（如无特别说明，本书注释均为编者注）

"恭喜啦！"杂货铺老板、理发师、隔壁那位好心的太太，还有其他很多好心人都热情地向我们打招呼，他们对发生在我们身上的事毫不知情。最令我沮丧的事情莫过于，面对他们这句寻常的问候，我的回应让他们十分尴尬。我会对着镜子检查自己的状态，然后再走到街上，从外表上看我安然无恙，可其实内心早已支离破碎。我会看着街上的行人，猜想谁会和我一样心碎煎熬。整洁的衣着、微笑的脸庞、精致的妆容和刻意为之的散步其实都是我的伪装罢了，是彻头彻尾的谎言。要是所有伤心的人身上都标有小小的记号就好了，这样我们就能在与他们相处时多加留心，能多对他们报以微笑，而不是可怜他们，只给他们一丝丝慰藉。

在家中待了两周后，我们的想法也渐渐明晰了起来。生命如此短暂，是以尤瓦尔和我都选择了快乐地生活。我们坚定了对彼此的爱。我们飞往距离很远的纽约，避开那些友善的人投来的怜悯目光。或许在那里我们能够不再难过，提醒自己记住当下最重要的事情：我们一定能够渡过难关，只要我们在一起，就能够获得莫大的快乐，而快乐才是我们每天的选择。

我们在纽约市闲逛了三周，买买东西，感受彼此的爱。事实证明这次旅行的确奏效了。一年后的3月9日，埃亚勒，一个7磅3盎司①的小生命出生了。当我第一次抱着他，感受着他跳动的脉搏，听着他在我怀中哭泣时，我也同我失去的两个孩子告别了。在心中，我抱了抱他们。我哭了，为这次来之不易的会面而开心，也为终于到来的告别而悲伤；为我曾经拥有过的一切，也为我已经失去的所有；最重要的是，我哭是因为孩子在哭，能够在产房里听到婴儿的

---

① 1磅约合0.45千克，1盎司约合0.028千克。

啼哭是件多么值得开心的事情啊。

关于死产的含义其实不太准确。虽然听不到婴儿的哭声,但迎来的却是雷鸣般的沉默,而并非平静。母亲的灵魂深处正在为这场逝去的梦,为她空空如也的怀抱,为曾经期待不已却永远无法发生的会面而哀悼,这一切唯独没有平静。我不知道这样的事情为何会发生在我身上,但我知道这件事的发生会给我的生活带来怎样的影响。我知道,我和我丈夫之间因此形成了新的纽带,培养了一种不同于以往的爱,而这样的爱足以支撑一对二十八岁的夫妇承受住他们人生中的巨大打击。

现如今,我明白当时我们挽救了自己的生活,知道了如何去辨别事物的轻重缓急,也懂得了何为信念与意志。正是我们所经历的不幸将我们历练成如今这样的父母。我明白,在我的子宫中逝去的三个孩子使我成为现在对我的五个孩子来说不一样的母亲。我明白,正是因为这三个孩子,我才能够从容应对作为一名母亲每天遇到的困难,对生活抛来的各式各样"平凡"的挑战心存感激。我明白,我有幸拥有这样的机会,能够在听到婴儿的哭声、孩子的哭声和其他一切哭声时感到发自内心的欣慰,因为我曾到过一个婴儿不会哭泣的地方。

那次经历已经在我心中深深扎下了根。那是一个重要的地方,时刻提醒我要对自己拥有的一切感到知足,那也是一个遥远又痛苦的地方,寄托着我对我未曾见过的孩子深深的思念,与此同时,那还是个完好无损的地方,被我封存在自己心中。有时候,当我看到一位母亲推着双胞胎婴儿车时,我还是会记起那个支离破碎的梦,我会在心中拥抱自己,然后回到家,大声放着音乐,和孩子们在厨房里共同起舞。因为我知道,孩子所在之处不会安静沉默。

3

别把孩子当作你的名片

身穿星星睡衣的小男孩蜷缩着躺在床上，此刻他正沉浸在美梦中，面庞似天使般安详。最终，一切都归于平静。孩子在睡着的时候多美呀。就在此刻，我深感自己是一个优秀的母亲，充满温暖和怜惜，完全能够与孩子共情，理解他们的需求。

孩子代表着纯粹的快乐，这一点在我心中毋庸置疑。但同时我也确信，我想象的场景和孩子出生后的实际场景之间还是存在着很大的差距。毕竟，在现实中他们没完没了地问这问那，把我烦得要死；他们让我感到尴尬，特别是在公共场合或是在那些我十分重视其观感的人身边时；不管在什么场合，他们一有机会就打闹；他们不停地吃，把东西弄得乱七八糟，弄出堆积如山的要洗的衣服。可这还是比较顺利的时候，老天保佑，希望他们不要生病，不要焦虑，不要处理在学校里遇到的社交难题，也不要喝得烂醉回家。

至于我，我是一个怎样的母亲呢？大概是一个做得还"不够"的母亲吧。我不够有耐心，对孩子的话题不够感兴趣，陪孩子去运动场玩的时间不够多，给孩子做的去虱子的治疗也不够充分；我在孩子的功课上帮不上太多忙，也做不到同时解决五十个问题。而且，有时候我还会感到无聊、沮丧、暴躁、疲倦、困惑、恼火和无助。

但在这里，我想表达一个简单却重要的道理——孩子并不是我的名片，而实际上要理解这一点颇具挑战性。

孩子是我们带到这个世界上最伟大、最重要的造物。我们几乎教会他们所有事情——说话方式、吃饭礼仪、行为举止、服从权威。难怪我们会感到困惑，认为孩子是我们的名片。但如果我们真的把孩子当作名片，一旦他们把事情搞得一团糟，让我们感到尴尬或失望时，我们就会非常伤心。当我们感到伤心时，我们其实更关注的是自己的情绪。而当我们更关注自己的情绪时，我们就不能自如地履行为人父母的责任。

对每个有意识的人来说，孩子都是现有的一种最好的心理疗法。他们把我们带回那段苦痛与快乐并存的童年时期，他们总是能第一时间发现我们的弱点，但最重要的是，他们就像一面很深的镜子，让我们必须面对这样的事实：我们之前从未做到过完美，之后也仍然做不到完美。我们在筹办婚礼或装修新家时，可能有机会将自己的想象变为现实，但孩子每天都会让我们体会到生活给我们上的最重要的一课。这一课教我们把自我打包扔在门口，在孩子面前当一个真心诚意却也会犯很多错的大人，并且既要无条件地接受我们自己，也要无条件地接受他人——我们的孩子。

所以，如果有时你感到自己做得还"不够"，那么你应该知道，这其实是优秀的父母才会产生的想法。想要成为优秀的父母，其中重要的一步就是接受自己有时不够好的事实。实际上，正是在我们试着让自己忍受挫败或不完美经历的时刻，我们才开始转变思路，或者说开始接受自己是不完美的。我们的孩子会看到这样的母亲：她把自己的一切投入这一关系中，但并不一定能够做到尽善尽美；她理解孩子的需求，但并不一定能够完全满足这些需求。然后我们会发现，想要做到完美却还没能做到的家长，与成长过程中总是遇到不完美经历的孩子之间会形成第三种实体——关系。不过，只有当我们不再在孩子面前扮演教育者，不再让他们服从于我们的权威，不再责罚他们，不再表现得无所不知、对任何事情都能轻松应对的时候，我们才能和孩子之间达到一种价值上的平等（这里并不是说权利平等，不要混淆这两个概念）。

孩子来到这个世界上并不是为了取悦我们、为我们争面子，或是实现我们的自我满足感。我们的目标是在养育他们的过程中，应对他们为我们的生活带来的一切混乱局面，让自己成为对他们来说足够好的家长；不是完美的家长，但也不是郁郁寡欢、闷闷不乐的家长。我们可以在某些时刻感到沮丧，但大多数情况下要积极乐观；我们要倾听、留心孩子的需求，但有时也要照顾到自己的需求；最重要的是，即便现实并非我们想象的样子，我们也愿意全心全意地投入其中。

只有当我们接受了虽不完美，却能越来越好的自己时，我们才能慢慢学会不那么担心自己的孩子，接受他们虽不完美，却在不断进步，接受他们虽会跌倒，却会不断爬起，接受他们的美好和坏脾气，接受他们的快乐和难以满足的要求，接受他们的平凡、不足和不时令人恼火的行为，承担起为人父母——这个将会伴随我们一生的重要角色——所赋予我们的责任。

— 4 —

焦虑会让你错失很多精彩

我正翻着一本旧相册，里面的相片是我们在另外一处房子居住时拍的，当时的我是三个年幼孩子的妈妈，其中最大的孩子才五岁。现在作为妈妈的我与当时那个还是少女时就做了妈妈的我已经阔别了十多年，翻阅这些照片时，我的眼中不禁浸满悲伤的泪水。我为曾经的那个自己感到悲伤：那时的我还太年轻，每天都感到筋疲力尽，对生活中奇妙时刻的美好视而不见，忍受成堆要洗的衣服和散落各处的玩具，虽然尽职尽责却并不开心，而且最重要的是——我的内心充满了焦虑。现在，已经成长了的我再回看相片中的自己时，完全体会得到当时的我作为年幼孩子的母亲心中的那份孤独。

我相信，任何人看到我们之前的家庭状态时，都很难理解我所说的这些话。但事实的确如此——我的焦虑是不为人知的、不健康的、每时每刻都存在的，是卡在膈和喉咙之间的一种不安感，这种焦虑大致的表现是这样的：他现在正在自己玩，我是应该让他一个人玩还是和他一起玩呢？他睡着了，但现在不是午睡时间，我应不应该叫醒他？是哪里出问题了吗？他没能用手指他想要的东西。像他这个年龄的孩子已经学会用食指了呀。我不打算用嘴强调，但我会开始用手指东西。对，这周我要多用手指东西，这样他就能学会了。她怎么还是哭得这么大声，是母乳喂养不起作用吗？她喝了五分钟的奶，然后就睡着了，可是一有人进屋，就又会看到我在给她喂奶，他们会开玩笑地说："又袒胸露乳啦？"我要试试让她等一会儿，对，我之前见过朋友这么做，很简单的。"就让她等着好啦，"我朋友说，"最少等两小时。这中间你可以偶尔抱抱她，和她玩一会儿。"可是刚过去二十分钟，我就又一次给她喂奶了。真焦虑！他怎么看这么长时间电视？为什么，你在问你自己吗？因为你是个糟糕的妈妈呗。啊，我得抽空整理一下房间，洗洗衣服。他们真的每天都需要换干净的睡衣吗？但是其他孩子看起来都很整洁干净。他怎么总是跌倒？我是不是应该带他去看看医生？

我一边想着这些令人心烦的事，一边继续陪孩子们玩耍，不厌其烦地给女儿绑马尾辫，把食物捣泥做汤，还要给他们唱歌——绞尽脑汁地回忆好听的儿歌，可最后却一句都想不起来。而汤也逃不掉再一次被丢入垃圾桶的命运，因为儿子当时还不饿，或是女儿不爱喝，又或者其他什么地方出了问题。

就在埃亚勒出生后，我决定去学习亲子辅导课程，当时我并不是想要把它当作工作，而是为了摆脱自己内心的焦虑。我心想，如果我能掌握良好的育儿技巧，或许就能真正成为一个足够好的妈妈。我学到的一切知识都很有意义，也让我有了更多的思考，可这并没有消除我心中的内疚感，也没能让我的日常生活好过起来。我仍觉得自己像是一部戏的女主角，戏名就叫作"好孩子的好妈妈"，可事实却是，没人来看我的演出，也没人在谢幕后为我鼓掌。但慢慢地，我从心里萌生出一份职业认同感，同时也有了一个梦想：或许未来的某一天，我能够帮助到和我有同样烦恼的妈妈；或许我能够用我学到的知识帮助其他妈妈减少焦虑，让她们觉得自己也没有那么不称职。但我知道，欲助人者先自助。

第一步比较简单。我决定不再对抗焦虑，而是做其他事情：专注于快乐。小小的快乐，哪怕只有一瞬。注视孩子熟睡的脸庞，扮滑稽的鬼脸并真正感到有趣，随心所欲地唱歌，就算是跑调也乐在其中，记不住歌词的时候也可以自己编歌词。当提到整理玩具的事情时，用开玩笑，有时甚至可以用正经的语气埋怨道："妈妈很爱你，可这些火车轨道实在是太要命了。"对"状况频发"的孩子，我甚至开始喜欢自嘲，比如有一次邻居偶然造访，就目睹了让人尴尬的一幕，当时我儿子正一边往天上扔白干酪，一边大声喊："下雪了，下雪了！"虽然亲子辅导学校从未教过这些，但这些美妙的瞬间构成了我们日常生活的一部分，让我们能够正面迎战焦虑。快乐VS焦虑，1∶0胜。

焦虑是一种具有误导性的情感。当我们担心别人的时候，我们以为自己是在为他们着想，可实际上，我们已经把令我们感到焦虑的孩子和事情晾在了一边，更在意的反而是自己。合理的焦虑能够让我们保持警惕，主要表现在用实际行动来保护孩子的安全。而不合理的焦虑则会让我们坐立不安，剥夺我们获得快乐的能力，为原本的生活蒙上一层阴霾，哪怕那是快乐的生活。这种焦虑毫无意义，只会给我们带来一种成为这样的母亲所获得的道德上的优越感：毕竟，好妈妈就是要事事焦虑。文化叙事也一直在这么教我们。

过去二十年来，"直升机育儿"可以说是最常见也是被过度讨论的育儿方法。这种父母对孩子关怀备至，他们奉行这样的信条："我在此承诺会永远保护你，为你扫清路上的一切障碍，提供所有捷径，指导你的一切活动，以免你受到任何伤害。有时你会做出错误的决定，甚至你的决定会对你造成伤害，但不要紧，我会和你一起面对。有时这个世界对你并不友善，但没关系，我会扭转局面，减轻你受到的打击，把你安全地送到目的地——放心，一切有我。"

听起来不错？这种做法的问题在于，它会带给我们一种错误的掌控感，但为人父母最大的挑战之一实际上是需要我们不断地去应对一种失控感，这种失控感体现在时间上、睡眠上，和我们想成为什么样的人、我们的孩子想成为什么样的人，以及我们又希望他们成为什么样的人上。最重要的是，这种直升机式育儿对孩子的学习和发展造成伤害时，我们因此获得的所谓的掌控感只对我们自己有效。因为我们受焦虑驱使想出的做法未必适合孩子。我们借着担忧的名义，不让孩子经历失败，帮他们完成作业，把他们转到老师更好的幼儿园，在他们学爬的时候帮忙把够不着的玩具移近一点，在他们吐字还不清楚的时候替他们表达清楚，甚至在他们不想吃饭的时候还要不断给他们喂饭。

焦虑永远不会转变为行动，它是一种痛苦又多余的状态。我们把三明治放在孩子的书包里，带他们去看医生，按时接他们放学，这是我们在关心他们。不要混淆关心和焦虑的概念：我们应该关心所有那些为人父母应该关心的事情，但请不要焦虑，这种焦虑会驱使你代替他们完成事情、清除障碍，或不必要地迫使他们在你所设定的方向上行进，只是为了满足你和你为人父母的骄傲。

孩子真正需要的父母是能够在他们跌倒时任由他们摔到地上，

被朋友冒犯，自己努力爬过去够拨浪鼓，因为自己忘带三明治而饿肚子；也能够让他们喜欢上不喜欢他们的人，尽管你知道他们是巨星，也让他们在学校的戏剧演出中扮演小配角。孩子需要父母放开手，让他们自己去经历人生的小小低谷，因为这样的父母相信孩子能够自己成长，学会应对问题，即便是遇到困难或感到不舒服，他们也能知道怎样做是最好的。

孩子需要父母通过行为向他们传达这样的观点："你才是最了解自己的人。我会帮助你，向你学习了解你。"他们需要父母放开对他们的掌控，虽然这并不容易做到，需要父母深刻认识到自己没有能力也没有权利掌控任何人。他们需要父母不再盘旋在他们上方，而是为他们提供空间，能够让他们为自己负责，意识到在自己累了或饿了的时刻，在他们真正被朋友激怒的时候认真思考（这与你替他们决定哪位朋友不值得交往截然不同），这是一个他们知道自己能够独立做主的空间。

对青春期的孩子来说，这一点格外重要。青少年需要的模范家长要让他们感受到"虽然我很焦虑，但我的爸爸妈妈很淡定"。在他们感到焦虑的时候，比如说"我不够好看""我永远也做不到""我女朋友一定不会原谅我了""我不知道自己喜欢什么"，他们需要我们保持冷静、理解他们、考虑周到，并能正确地看待事情。青少年需要的父母不能忽视他们遇到的困难，而是要在看向他们时，用眼神告诉他们一切都会好起来的，你的眼神要不慌不忙，没有困惑、没有焦虑。

但当青少年对一些事情感到无所谓的时候，你需要试着利用担忧来影响他们的想法，比如说："妈妈，大家都在聚会上喝点酒，这不算什么大事。""我要和大学生一起参加聚会，别担心，没什么事。""我不就是给男朋友发了一张尺度有点大的照片嘛,你为什么要这么小题大做?"这时候,我们就需要给予关心了。从父母的角度关心孩子,向他们传递重要的信息,为他们设定界限,发挥作用。最重要的是,我们要密切地关注他们。

那么,让我们来重新定义一下焦虑,不要对未来的事情感到焦虑("她交不到朋友了"),不要对过去的事情感到焦虑("如果我当初选择母乳喂养/如果我当初没选择母乳喂养/如果我当初让她再念一年学前班的话"),不要对我们无法控制的事情感到焦虑("她会伤了他的心"),也不要对孩子美好而与众不同的个性感到焦虑("他没参加幼儿园的聚会")。

我想对相册里以前的那个埃纳特说:"一切都会好起来的。困难并不取决于你做了什么或是没做什么。相反,如果你能舒展自己紧皱的眉头,少一些苦恼的神情,别再那么绝望地肯定自己永远也睡不好觉了,不要总想着为孩子解决所有问题、走捷径,你就会发现一切都能好很多。为了实现孩子出生前,你在脑海中幻想出的那幅完美无缺的画卷,而错过他们为你带来的快乐时光,真的特别不值得。看看他们多么美好,多么专注于当下的生活呀!"

― 5 ―

如何倾听孩子的心声

我们都希望我们养育的孩子能够知道自己为什么难过或困扰，能够做出对自己最好的选择，能够了解自己，接受自己的短处，并通过既提高能力，又提升自我价值感的方式找到解决问题的办法。这一切始于我们如何倾听他们的心声。我在这里说的倾听不是听孩子没完没了地谈论今天学校里发生了什么，也不是听他们谈论自己最爱看的电视剧的最新一集演了什么内容。当孩子想要与我们分享他们感到困难或为之沮丧的事情，分享一次不愉快的经历时，我们对他们的关注就变得极为重要了。

但要做到这一点其实很难，特别是对像我丈夫这样喜欢直达目标的实干型家长来说。"你说要倾听他们是什么意思？这能有什么用呢？"他问道，"他们开口讲第一句的时候，我就能摸清整件事的来龙去脉了，所以我直接告诉他们怎样去解决问题就好了。事实上我会给他们说一些重点，这样他们就能理解自己的选择了。如果有必要给他们敲敲警钟，我会这么做。地球可不会在孩子说话的时候就停止转动了。"

他继续说道："那些心理呓语只会让孩子们觉得，只要在生活中碰到了困难，都得停下来审视自己，问问题和思考问题。快别这样想了！"他歪着脑袋，模仿令人讨厌的心理医生脸上露出的那种善解人意的神情，做出一副夸张的样子。

我并不同意他所说的，因为我懂得怎么去倾听。所以，我看着我的丈夫和他说："嘿，我没有让你去倾听孩子。你可以继续给他们敲警钟、说重点，告诉他们与生活握手言和。而倾听的事情交给我就行了，这完全没问题。现在告诉我，你还有什么烦恼的事呢？"

"这样一来他们就都想要'和妈妈私下聊天'了。"——现在他是在模仿孩子们——"那有什么问题？难道你没觉得这是在让他们变得更脆弱吗？他们为什么不想和爸爸私下聊天呢？"

"为什么你会这么想呢？"我问道。

"因为你让他们享受到了贵宾（VIP）待遇。和你聊天能让他们有被理解的感觉。你鼓励他们，询问他们，对他们的想法表现出兴奋的样子！可这并不是真正的生活，你难道不明白吗？"

"所以，你到底是在气我没有让他们做好面对生活的准备，还是在气他们不想和你'私下聊天'呢？"

"两者都有，好吗？而且我更担心男孩们。你真的认为让他们在成长过程中变得这样敏感好吗？这样做有什么意义呢？"

我们谈话的过程中，我听到我丈夫告诉我许多有关他自己的事情：我听到他的痛苦、他的担忧，以及尽管睾酮让他表现激进，他仍旧是个好父亲。我认真倾听他的话，也理解了他的意思，而且我了解他的时间够久，知道有时候我们之间的对话不能以我是正确的一方，他是冷酷无情的一方结束。所以，有时我们的对话不得不以我说"我理解你的感觉"而告终。这其实和我学着通过孩子们的话语、行为和身体表现来倾听他们的想法是一样的。

所以,我们怎么能让孩子学会倾听呢?自打他们出生那天开始,我们就在认真地倾听他们,数十年如一日。我们倾听他们的话语、行为和身体表现。

倾听眼泪

当小宝贝刚刚降临到这个世界上时,他只能用眼泪来进行沟通:他的哭声是给世界传递的信号,而世界也会给他以回应。这就好像是,当我向宇宙发出信号后,宇宙回应给我我想要的东西,这使我拥有了一种安全感——我相信自己能向宇宙传达我饿了的讯息,也相信宇宙会回应我的请求。试想一下,当你向宇宙发送信号后,宇宙自然而然会立即启动一套程序来理解你想要什么,以及怎么才能满足你。这听起来很不错吧?由于人类的发音器官出生时并不成熟,所以一开始我们只能采用这样的沟通方式。此时,如果有人在另一侧仔细倾听我们,我们与这个世界的沟通就能有一个很好的开始。

生活中有两类妈妈,一类妈妈无视宝宝发出的信号,每隔一定时间给宝宝喂奶粉或母乳;另一类妈妈则是在宝宝啼哭时,再用母乳来回应宝宝,这两者有很大的差别。体贴的妈妈并不是在孩子哭之前就把东西拿到他面前,也不是去预测孩子的需求。真正体贴的妈妈要学会倾听孩子,再给孩子以这样的回应:"妈妈会和你一起来弄明白你现在需要的是什么,在这个问题解决之前妈妈是不会休息的。那么,你是饿了、累了,还是肚子疼呢?你可以和我说,我在听。"

倾听痛苦

"我在公园里跌倒了，然后爸爸急忙跑了过来，他一直都在照看我。但他看了看我膝盖上的擦伤和眼中的泪水对我说：'没事的，亲爱的，什么事都没有。一切都好。'可是我根本就不好！"

作为父母，我们还需要负责倾听孩子的痛苦、挫折、失败、悲伤、嫉妒，以及很多其他生理和心理上的疼痛。本能首先会驱使我们这样安慰自己："没什么事，一切都好。"今天学校里没人和她一起玩？没事！别人取笑他胖？没事！老师罚她了？她跌倒擦伤膝盖了？他今天特别想家？有人在社交网络上攻击她？统统没事！

我们之所以总是说"一切都好"，是因为我们需要告诉自己不要太过痛苦，或是至少告诉自己我们到底应该怎么安抚孩子的痛苦。所以，我们总是说"没关系""不要小题大做啦""我们应该用乐观的心态来看待这件事"。

但是有些事确确实实地发生了，有些事也总是会发生。并不是一切都好。当你告诉孩子没什么事的时候，你是在破坏孩子和生活之间建立起来的信任感。我并不是想让你和孩子一起哭，因为这对他们毫无帮助。但首先，我们要承认有些事发生了。不要惊慌失措，也不要考虑我们自己或是过度担心孩子，我们只需要考虑他们膝盖上的擦伤和心中的难过。

倾听时不要给出建议

"我把今天在学校其他女生不和我一起玩的事情告诉妈妈了，她立刻和我说：'告诉她们，不和你一起玩是她们的损失，去和其他人玩吧。'"

"我告诉爸爸今天戴维在学校把我推倒了,他问我:'是吗?那你推回去了吗?'"

"我告诉妈妈我遇到麻烦了,因为我没写完今天应该交的卷子,不知道该怎么去学校,她却说:'这次终于受到教训了吧,你就是应该好好做作业。'"

让我们从最后一个事例开始讲起。我们有很多真正想让孩子内化的有教育意义的话或想法。但是,当我们有了倾听孩子心声的机会,当孩子愿意和我们分享一些不顺心的经历(比如失败、挫折或是在幼儿园发生的其他什么事)时,他们最不想从我们口中听到的就是那些有教育意义的话。

试想,我和我的丈夫今天早上吵了一架,然后我给我的一位朋友打电话抱怨这件事,结果她把我责备了一顿,告诉我婚姻和自我克制的重要性,还教我当时正确的做法应该是什么,此时我会感到自己受到了冒犯,可能不想再和她继续对话下去了。这是为什么呢?因为我觉得没有人认真听我讲话,没有人理解我,承认我现在所遭受的痛苦。我们经常会发现,上一分钟孩子还在和我们说他们的事情,下一分钟他们就准备去做别的事了,根本不想也不会听我们要和他们说的话。其实,当和我们说完这件事后,他们就把事情分享给了我们,因此会感到释怀。所以,我们也就没必要一直纠结于此。

当孩子还小的时候,我们如果给他们提出建议,其实就是在给他们提供一种解决问题的方式。对孩子来说,这意味着问题只有一种解决方式。不仅解决方式只有一种,而且这种方式还是我们能够做到,可他们未必能够做到的。比如说,我们告诉他们:"如果有人打你，那你就打回去！"但是，如果孩子本身并不属于能够向生活还击的类型，一旦父母给他们提出了这样的建议，势必会引发新的问题。此时，孩子除了因为被打或是被推而感到痛苦，还要面对一个新的问题——他们没办法做到爸爸妈妈想让他们做到的事情。

如果你真的很想给出建议的话，一定要先问问孩子他们认为自己能够做些什么。相信你会得到出乎意料的答案的，因为一旦孩子跳出问题，他们往往会有一些不错的想法，而且最重要的是，这些想法是适合他们自己的。另外，当你想要给出自己的建议时，先问问孩子需不需要，然后再告诉他们解决问题的方法有很多种，试着多提出几种方法。

倾听时避免过度共情

"这次班级旅行我有些不开心，感到孤独，我把这件事告诉了妈妈，她听的时候眼里都是泪水。虽然眼泪没流下来，但还是在她的眼眶中打转。她忍住了眼泪。我让她伤心了。"

孩子告诉我们的故事是发生在他们身上的事。在班级旅行中落单的人不是你，被取笑、被起外号的人也不是你。孩子所说的可能是件具体的事、微小的事、复杂的事，甚至困难的事，可最终还是他们自己的事。这就好像你的父母不是你一样。每次你过度共情的时候，都会给孩子增添烦恼，甚至可能让他们不再想与你分享事情。当你为他们难过时，他们也可能会为自己难过。而且，如果你表现出焦虑和对他们过强的保护欲，他们可能会觉得世界危机四伏。那么，你应该怎么做呢？试着想象那是邻居家的儿子，一个你关心的可爱男孩，正在和你讲述他的故事，然后你安静地倾听这个故事。你要做的只是倾听，不要过分投入其中。

专注于倾听

如果所有年龄段的孩子都可以充分地表达自己的感受，他们可能会这么说：

> 当我告诉你一件事时，有时候我需要的就只是你在那儿听我说。别再整天忙里忙外，放下此刻正在做的事情，听我说说话。如果你能好好地听我说话，真真正正地理解我，看到、闻到、感受到我所经历的一切，而不是批评我、评判我，或者告诉我什么至理名言，就只是问我一些问题，帮我弄清楚实际发生的事情以及我的感受，那么我会觉得我们变得亲近起来。我觉得我能够了解自己。你的专注能够让我保持头脑清醒、解决麻烦，最重要的是，我很感激你让我有种被看重、被珍视的感觉，让我感受到你可以依靠我，而我也可以依靠我自己。所以，如果只是听我说让你觉得很被动，希望你再好好考虑一下。虽然这对你来说可能是件特别难的事，但我的确需要这样才能够成长，从生活中学到东西，依靠自己，并倾听自己。如果你能够做得很好，过不了多久，我也能够成为你的倾听者。

有时候，我们会觉得孩子太小，了解的事情有限，认为他们的做法是错误的或者他们根本不懂常识。我们与孩子之间每天进行的最简单的对话，日常生活中你来我往的交流都是轻而易举的事。但就是在这些对话中，他们会对我们、对自己、对生活有更深入的了解。

当孩子过来告诉我们他被撞了,给我们看他擦伤的地方或皮肤上的红印时,我们需要做的不是减轻他的疼痛,不是教他怎么做才能不再发生类似的事情,也不是培养他辨别轻重缓急的能力。我们只需要对他能来告诉我们这件事感到欣慰,关切地轻声问他:"事情是怎么发生的呢?"孩子喜欢和我们诉说事情发生的经过,这会让他们感到宽慰。在回顾事情的经过时,他们会觉得在自己被撞了的那个让人意外又生气的时刻,我们在他们身边一样。

在他们解释事情发生的经过时,我喜欢问一些小问题。"是疼的感觉多一些,还是生气的感觉多一些呢?""等一下,所以当时抽屉是开着的,而你正在跑,没看到开着的抽屉,所以撞了上去,对吗?""撞在哪里了,额头吗?"有时候,深入询问这些细节看似没什么意义(毕竟,我完全知道事情是怎么发生的,因为这样的事已经不是第一次发生了,真希望他能记住关上那个破抽屉!),但这么做却可以给孩子带来一丝喘息的机会,让他们跳出自己所处的情境,从旁观者的角度看待自己和刚刚发生的事情。这也会让他们感受到,有人正在关心、理解他们,帮助他们了解自己、明白事情的轻重缓急,并让他们释怀。对了,问题的关键在于,如果并不是特别疼的话,他们会去做别的事情,有时候甚至不会回答你的问题,但这并不代表他们不尊重你,反而说明了你做得很好,帮助他们渡过了这个难关。

从孩子学会说话或交流的那一刻起,他们就知道什么能够帮助到他们。所以,在解决问题的方法就要脱口而出之前("来,让我抱抱你!""和我一起打这个不听话的抽屉!""走,我们去吃巧克力吧。"),你应该先问问他们是不是有需要你帮忙的地方。

当孩子自己克服了困难，又重新玩了起来时，你可以在他们耳边悄悄告诉他们，他们有多勇敢，因为他们准确地向你表达了发生的事情，知道自己需要什么，还战胜了痛苦、解决了意外、克服了愤怒。

抽屉不是唯一伤害我们的东西。朋友、老师、兄弟姐妹，甚至生活本身都会给我们带来伤害。不管孩子是被抽屉撞了一下、考试分数低、想和朋友一起制订计划却没有人回应，还是十六岁的男孩含泪告诉你他不想再继续完成下一年的学业，他都在承受着痛苦，而这些痛苦之间毫无差别。你不需要成为他的力量，不需要告诉他应该对什么事情感到开心或是感激，也不必和他讨论他不想再继续读书的原因是去年他做得很糟，也许今年他应该换种方法。你只需要问他一些合适的问题，让他能够一步步地自己探索答案。然后停下来一会儿，告诉他你知道事情很难，你理解他，然后问他有没有他能改变的事情，有没有你可以帮到他的地方。你需要做的是理解他、倾听他，谨记，教会孩子如何倾听可以帮助他成为更好的朋友、更好的伴侣和更好的人。

6

给爸爸腾出些空间

十年前,来上亲子辅导课的大多是妈妈。后来,事情发展到新的阶段,男人也开始强迫自己跟着妻子来上课了,他们忍住哈欠,紧盯着手机屏幕,充其量只会点点头以示回应。不过,近几年来,"新式老爸"(New Dad)进入了人们的视野。一种新式、升级版的男性模范家长逐渐涌现:这种爸爸不再只是满足于自己在生物学上的"贡献",还以认真的态度、饱满的热情投入亲子关系当中。

很久以前,这种"爸爸"被称为"父亲"①。父亲不会踏进厨房,除非饭菜做好、摆上桌了;不愿意去问路,因为他显然认为自己天生就能很好地辨别方向;当孩子们捣乱时,母亲对付他们惯用的一句话是:"等你父亲回家再说。"如果我们告诉这位父亲,几十年过后,他会变成这样的爸爸——上分娩课,剪脐带,换尿布,

---

① "父亲"(Father)更多强调生物学上的概念,也代表一种传统、刻板的父亲形象;而"爸爸"(Dad)则是积极参与到孩子成长过程中的、更具亲和力的男性家长形象。——译者注

在芭蕾舞教室外等孩子下课，还要切食物、准备沙拉当晚餐——他可能更想切了自己吧。

毫无疑问，爸爸也希望孩子能够仰视他，遵从他，满足他展现男子气概的欲望，取得进步，懂得还击，永不放弃，实现目标，战胜困难——当然，如果能少些抱怨和情绪宣泄的话，那就再好不过了。但是，这种新式爸爸愿意听取意见，这可是一个不小的转变。他愿意去理解和处理自己与孩子之间的复杂关系，而且最重要的是，他不想缺席，想要主动参与孩子的教育，了解他们遇到的两难处境，甚至是日常生活中的难题，这些曾经都是由母亲一手包揽的。

我是第一个这样夸赞新式爸爸的人，而且我也很好奇下一个阶段会是什么样子。但同时我也是保守的，如果生活中还是存在从前那样的"父亲"——时而抬高嗓门（冲孩子大吼）、绝不让步（坚持自己愚蠢的观点）、过于死板地划清责任界线（"孩子哭得面红耳赤，你能过去看看她吗？"），我也丝毫不会感到惊讶，特别是当这个家庭中的母亲是一位共情力强的女性时。我们的孩子需要能够一起做决定，共同为他们制定规则、设定界限的父母，但他们也需要理解差异性和多样性的存在，了解解决问题的不同方式，而且最重要的是，他们需要从你身上学习到如何尊重其他人的不同的做事方式。现在，我们一起来学习一下男性模范家长身上的三个优点吧。

目的明确

也许是爸爸缺乏时尚感，又或许是他们不注重细节，总之对他们来说，衣服就只是衣服而已。当爸爸给孩子穿衣服时，他们并不会去考虑其他家长或是幼儿园老师的想法，因此，他们不会巧妙地引导孩子选择自己最喜欢的衬衫，也不在意孩子的衬衫和裤子搭不搭。在爸爸的眼中，我们之所以需要穿衣服，只是因为不能光着身子出去走动。如果让爸爸决定孩子穿什么，他们不会从衣柜里拿出数十套衣服来选，而是只会拿出七套——一周七天，每天换一套。

和爸爸一起穿衣服时目的明确且果断，而且双方——家长与孩子——是队友。相反，如果我们既想掌控节奏，掌控孩子穿什么，还想掌控氛围的话——那么一切都会被"控制欲"所牵绊，我们发现自己成了孩子的对手。这就好像是一场网球比赛：他们发球，我们反击；他们更用力地击球，我们设法打出吊高球，但他们不肯认输，所以比赛继续，结果我们不是输掉比赛，就是精疲力竭地离场。其实，放弃一点控制欲并不会给我们带来什么损失。不过，只有我们真的不在乎孩子的穿着、外表以及因此而出现的（让我们）尴尬的局面，这种方法才能奏效。

"给孩子穿衣服"只是一个代表事例，我们可以很容易地用其他日常琐事代替这件事，比如出门、洗澡、看病或是在早晨告别。这些事情都适用一个基本道理，那就是父母不能过多投入自己的感情。即使事情本身并不有趣，父母和孩子也要共同完成这件事，并让孩子知道，我不是在和你作对，我只是在帮助你完成。

懂得过滤

男人具有一种神奇的能力，和孩子待在一起时，他们还能做些其他事情——看书、打电话、写电子邮件、剪指甲、换电池——这是因为他们能够将孩子不必要的请求、牢骚、打闹、求援和其他背景噪声统统过滤掉。

模范家长有自己的生活，这样的家长培养出的孩子才会知道，地球并不会绕着他们转。父母不会每天二十四小时地留心孩子的每次心血来潮、活动或行动需求。爸爸就能够做到划清界限，然后只忙着做自己的事。这样，随着时间的推移，孩子就会学着自己玩，自己解决问题，在没有家长干涉的情况下打闹，甚至有时候神不知鬼不觉地吃完一包饼干。

让孩子发现你正在集中注意力做其他事情，而不是把注意力都放在他们身上，比如：和朋友聊天；特别享受地吃什么东西，而不只是吃他们的剩饭剩菜；碰到了困难，正在想办法解决；进卫生间关上门。当习惯于把你当作一个普通人看待时，他们就会发现自己的问题好像更容易解决。他们能够学会去体谅别人，自己打发无聊的时间（不需要你去逗乐他们），以更轻松的心态面对挫折。而你花时间陪伴他们，和他们一起玩，出去吃冰激凌，一起编故事的那些时光会铭刻在他们的记忆中（不要为此产生不满情绪，因为你已经为做自己的事情留出了时间），这些才是故事中最美好的部分。

勇气

我爸爸曾当过兵。他又高又壮，有一把梯子和很多工具，什么都会修。我爸爸从不哭，他生气的时候特别吓人，所以我们都尽量不去惹他生气。他从不过问有没有人冒犯我，我为什么会生气，或者我是不是遇到了什么困难。当他的语调变得短促有力时，我就知道自己得动作快点了。每个周六上午10点之后，我都可以爬到他的床上,把头埋在他的胳膊底下,享受他给我的拥抱。

他管我叫"卡里奇"(Courage),不过并不是因为我勇敢。每当我听到他喊"卡里奇,加油!别放弃"时,我就知道自己是没有选择放弃的机会的。就算是我从自行车上摔下来伤到了膝盖,就算是我在泳池里呛了好几口水,就算是我的数学试卷连续错了五道题,但我是"卡里奇","卡里奇"要做的是深呼吸,振作起来,继续前进。因为勇气的定义并不是从不害怕和绝望,而是能够感受到害怕和绝望并且坚持到底。

当爸爸把孩子高高抛向空中时,有那么一会儿,孩子小小的身体停留在半空中,她的表情有了一丝变化:她害怕了——然后,爸爸又用双手重新接住了她。

我接受不了看见孩子在半空中时的场景,那让我反胃。如果孩子在学习游泳或潜水时呛水的话,我只想赶紧把他们从泳池中拉出来,用一条大毛巾将他们严严实实地裹住,亲亲他们被加了氯的水弄得湿漉漉的身体。对我来说,如果孩子不会骑没有辅助轮的自行车也没什么,我能够理解他们在班级旅行途中想要回家的心情,因为他们特别想家,情绪已经到了嗓子眼,马上就要在所有同学面前哭出来了。不过我又想到——他们需要知道什么是勇气,他们需要有人不再为他们感到难过,这样他们自己也不会再垂头丧气。他们需要经历被抛向空中,感受几毫秒的害怕,然后又被人牢牢接住的过程。

— 7 —

同睡一张床

自打我出生后,有三十个夜晚是和我爸爸共度的。当时妈妈因夜里照顾我劳累过度而生病,所以我和爸爸在另一间屋子里睡觉。我待在婴儿床里,每当我发出啜泣声时,他都会立刻爬起来给我热奶,把我轻柔地抱在怀中,将温度刚刚好的奶喂给我。我靠近他时,感受到他充满男子气概的白色汗衫下,胸前的汗毛还带着身体的温度。他那令人宽心的心跳和抚慰构成了我对爱和安全感的一种难忘的情绪记忆。

记得三岁、四岁,还是五岁的时候,因为做了场噩梦、感到有些害怕或是听到了点噪声,半夜我光着脚踩在冰凉的地板上,跑到了爸爸妈妈的床上。爬到他俩中间后,我会像吃了镇静剂一样立刻平静下来。我总会把后背朝着妈妈,把脸和鼻子冲向爸爸。身体是有记忆的。时至今日,当我感觉天要塌下来,或是在我特别倒霉的时候,我会觉得,要是穿着白色汗衫的爸爸能够抱抱我,一切就都会好起来的。

养育零至九个月的宝宝就像是在养育幼崽。自他们出生的那一刻起，我们就是他们的依靠，触碰到我们的皮肤、听到我们的心跳声都会让他们得到抚慰。他们就像是我们带回家的幼崽，我们把他们放在时髦却了无生机的带护栏的小床里。当他们夜里醒来时，我们会走到他们身边，给他们喂奶，抱着他们，然后再把他们放回床上，希望他们能适应睡在床上的感觉，而不是妈妈的抚触，适应干净床单的味道，而不是我们身上熟悉的、珍贵的气味。想想大自然，在搬到房子里开始喝卡布奇诺之前，我们也是其中的一部分。在大自然中，没有动物会把自己的幼崽放在离自己很远的地方，希望它们能独自入睡，而自己去别处睡觉。

在人类幼崽的生命伊始，他们在这个世界的幸福感完全来自那个能够守护他们、保护他们远离危险的人。没什么比得上保护子女的母亲在自己身旁的感觉，母亲熟悉的呼吸、身体散发的气味都让孩子安心。我们可以把他们想象成到异国他乡旅行的游客，他们语言不通，对周围的声音和灯光都不熟悉，甚至自己身体的感觉也会让他们害怕。他们唯一可以依赖的就是在机场时被派给他们的导游——护佑他们远离邪恶的父母。他们熟悉父母身上的味道，恭顺地接受来自父母的爱抚，并把这种爱抚解释为爱与安全感。

作为导游的我们，是突然与我们小小的游客产生联结的，我们要全天候地为他们提供身体和情感上的服务。所有父母都会有被抚养婴儿、满足他们的各种需求而搞得精疲力竭的经历。睡眠不足是新手父母最常见的难题之一，而疲惫感又真的令人烦躁，就算是"活佛"一般的父母也无法保持平静的心态。睡眠不足的父母很容易抑郁和焦虑，他们的挫折阈限特别低，工作能力也和无法通过酒精测试的醉汉差不多。

有些宝宝很容易睡着，当他们半夜醒来时，就算没有父母的抚慰，也能自己重新入睡。他们不会歇斯底里地哭着醒来，能够清楚地表达自己的需求，让我们得空休息。但是，对于那些比较麻烦的宝宝，当我们给他们洗完澡，满怀爱意地给他们穿上可爱的星星睡衣，他们觉得睡衣不够柔软的时候，我们应该怎么办呢？对于那些不太容易入睡，睡着后又易醒，需要我们一晚上起来喂七次奶的宝宝呢？其实，刚开始这些宝宝并不是因为饿才醒的，而是因为一种缺失感，觉得不舒服，长了新牙，尿布有什么地方不对劲，身体不由自主地抖动等。事实上，这些事只有一个解决办法：抚触（touch）。

当我们想找到宝宝适用的解决办法时，我们需要不断地进行尝试。他哭了，我们就要立刻看看有什么办法能让他好起来：有时候可能是母乳或奶瓶，有时候可能需要把他抱起来或是轻抚他的后脖颈，有时候一个安抚奶嘴或是一个亲吻就可以了，还有的时候，我们得模仿他们还在子宫里时就有记忆的动作来轻轻晃动他们。对很多宝宝来说，我们只需要和他们睡在一起就可以解决问题了。脱掉衬衫后，我们把他们放在我们身边或是身上（前提是你不属于睡觉时多动或是雷打不动的类型），这无疑就是他们想要的。

"抚触孩子"的动作会让我们陷入滑坡谬误（slippery slope）①，这种想法从我们把他们带到床上开始产生，经过一整晚未受干扰的酣睡后才会结束。这样的睡眠慢慢会形成一种习惯，让父母和孩子都能好好地休息一会儿：我们可以从为人父母的苦差事中抽身，他们也不用再当无助的小家伙。因为就算有医生的警告、专家的提

---

① 指使用一连串的因果推论，却夸大了每个环节的因果强度，从而得到不合理的结论。

醒，大自然中还是存在幼崽和看护他们的父母。

我们也可以改变这种习惯。当人们发现付出要多于回报时，他们就会改变自己的习惯。你可以随时通过睡眠咨询、断奶咨询，以及其他很多满足孩子和父母需求的绝佳的指导方式获得解决办法。因此，当别人这样提醒你时——"你不该让七岁的孩子和你一起睡"或是"他去参加学校旅行的话会很难的"，你也大可以放心。要记住，当孩子能够听懂语言时，教他们一个人睡就会容易许多。你可以向他们解释夜的含义，让他们做好思想准备，倾听他们的恐惧，知道怎么才能帮到他们，鼓励他们的每一次进步，庆祝他们独自在自己的房间和床上睡觉的第一晚。就算孩子已经两岁半了也没关系。当他们变得越来越独立、自主、能干时，就能更加轻松地依靠自己生存，更容易入睡，也更清楚自己并不会有什么危险，因为他们可以依赖自己。而当宝宝还只有几个月大时，他们不应该承受这样的分离焦虑。

在这里，我并不是想要探讨育儿和在生活方式上需要注意的问题。很显然，我和你一样希望自己的孩子从第一个月起就能睡整夜觉。"老天保佑，我们什么都不用做就好了。"但你能做些什么呢？每个孩子从诞生的那天起就有自身的特性和感受能力、个体的调节系统、特殊的身体节律、困难、恐惧、想法和自己独特的个性。好的父母就一定是能让孩子安静地坐在婴儿车里，能让他们整夜酣睡，或是在汽车引擎启动的那一刻起就能让他们马上入睡的父母吗？答案显然是否定的。

是把带护栏的婴儿床放置在另一间屋子中，还是让孩子到七岁之前都和父母一起睡，这二者之间还有一些方法值得我们去调研和验证，我们既无须心怀愧疚，也不必在意邻居的话："虽然我们家有四个晚上都沉浸在痛苦和尖叫中，但是她从此之后就能睡整夜觉了。"不过，我们如何去探究其他方法呢？用心关注你的宝宝，深刻地认识到宝宝需要一个无忧无虑的夜晚，抚触能治愈疾病和痛苦，养育孩子是件苦差事，以及不要管教宝宝。相信我，在孩子到了青春期时，你就不会遇到在半夜爬到父母床上的青少年了，而且青春期来得特别快，现在你只需要深呼吸，耐心等待就可以了。

宝宝是晚上也需要我们守护的幼崽，所以，他们啜泣时，也许我们应该倾听他们的哭声，默默努力，让自己成为他们完整而安全的世界。

— 8 —

人生中的告别

与母亲离别的那年，我已是有了丈夫和两个孩子的成年人，过上了自己的生活。离别是分阶段发生的，就好像是得了场重病：它让我们先做好准备，接着死神会在空中盘旋几年，就算所有人都还在身边，空气中也弥漫着思念的味道。

从葬礼回家的途中，在我们以母亲和女儿的身份在一起的最后时刻，我努力回想过去她来学校和公交车站接我的场景。但不管我多么努力，也还是想不起来。我看向车窗外经过的输电线，觉得自己又变回了后座上的那个小女孩，不清楚我们要去哪儿，也不清楚何时才能到达，只能数车子驶过的电线杆打发时间。

后来，我明白了母亲和我是会重逢的，但我们的重逢只会发生在我的心里。就像是我曾在她的身体里待了九个月的时间，现在我也要在我的心中寻找她的踪影，但这次，旅途的终点不是新生，只有无尽的思念。这次，不是女儿住在母亲的身体里，而是母亲住在女儿的心里。

孩子的人生中会遇到成千上万次小小的告别。好的告别、赐予力量的告别，但也有艰难的告别。人们说，每一次告别都是死去一点点，这不无道理。他们要与被其他孩子抢走的玩具告别；早上去幼儿园时告别；到了该去睡觉的时候说晚安来告别；当妈妈说该回家了的时候，和朋友告别；按照监护安排，在和爸爸共度的一天结束后要同他告别；在妹妹出生前，与在父母眼里还是个孩子的自己告别；和换掉的牙齿告别。"妈妈，你看这棵树多伤心呀，"我的大儿子在人生中第一次意识到秋天的时候，这样和我说道，"它的叶子正在离它而去。也不知道它清不清楚自己很快就会有新叶子了。"

但是当孩子面对这些告别时，我们对他们说了什么呢？我们说"别哭了""向我保证今天你会好好说再见""你哭的时候我真的很难受"。即便我们没有这样说，也会在他们遇到困难的时候把自己的失望传达给孩子，表现得不耐烦。那么，让我们来深入分析这三句话：

1. 孩子不能也不应该控制不哭。这是你在告别时做的事情。

2. 孩子不能也不应该保证今天会好好说再见。如果做出这样的保证，他们每天都会希望并祈祷自己不会辜负父母的期望，要信守诺言，可如果他们没法做到，事情不像承诺的那样顺利的话，他们就会觉得自己违背了诺言，这会让他们更伤心。

3. 如果你告诉孩子，他们哭会让你难过的话，那么他们不仅要克制自己的悲伤，还要处理他们给你带来的难过情绪。这对一个三岁的孩子来说可是个不小的负担，不是吗？

我们应该向孩子传达的是这样的想法："分别的确令人难过，爸爸妈妈也有这种感觉。想哭就哭吧。我们相信你可以渡过这个难关，也知道悲伤消散后，你会玩得特别开心。中午或下午的时候，我们就又会见面了。"分别并不总是愉快的，有时会让你感到心痛，但这并不代表父母在"违背"孩子的意愿，因为这只是生活的一部分。

很多孩子都会有一种错误的想法，认为如果他们哭得够大声，求我们，让我们忙起来，或者奋力抵抗的话，他们就有可能不用经历告别了。其实是我们向他们传递了这样的错误观念，因为当他们早上难过地哭了的时候，我们告诉他们我们得走了，可他们却哭得更凶了，这时我们只好说："好吧，我再陪你画一幅画，然后我就走。"但到了真正要离开的时间时，他们仍旧放声大哭，甚至苦苦哀求我们，这次我们没有留下，我们毁约了。到了晚上，当我们说"很晚了，现在所有人都去上床睡觉"时，他们会要求再喝点水。我们把水拿给他们之后，他们又开始哭了，说自己害怕，我们就又回到他们的房间里待了五分钟。然后，他们边哭边说自己有件很重要的事要告诉我们，或者说自己肚子痛，或者想要撒尿，又或者说听到了奇怪的声响，这时我们愤怒的小宇宙爆发了，对孩子说道："别闹了！差不多行了！你快把我逼疯了！"

有些孩子努力向我们证明离别对他们来说实在是太难了，他们没办法克服这件事。他们记不住这其实只是人生中一次短暂的分离，清晨太阳还会照常升起，我们也还会见面。当我设定界限的时候，我并不认为孩子会开心。我会解释给他听，让他提前做好心理准备，但不会不让他哭，因为每次我告别时，也会在心中默默流泪。我承诺会再见到他，会理解他的难过，并在他每次克服困难时鼓励他。通过这样的方法，我可以教孩子变得更加坚强，度过人生中大大小小的告别。

孩子可能会有这样的感觉，那就是对我们来说，一切都是如此简单,任何问题都能迎刃而解。这样一来,当他们无法应对告别给他们带来的痛苦时,他们会被深深的孤独感所淹没。不要在他们遇到困难时和他们谈话,而是要在他们遇到困难之前或之后,告诉他们,其实告别对你来说也很难,你也会在中午突然想起他们、思念他们,然后,问问他们有什么建议:"或许我应该和你拍张合照?或许你可以亲亲我的手肘,这样当我看到手肘的时候就能想起你啦?或许我可以对自己说'我们很快就会见面啦'?又或许我可以在上班路上跳一跳,因为跳跳会把悲伤带走?"然后跟他们说,如果他们愿意的话,也可以试试你提出的这些想法。这样做会让孩子感到自己是重要的,因为你征求了他们的建议,而且也会觉得自己是正常的,因为他们会意识到并不是只有他们才会感到难过。

如果你要离开孩子几天,事先约定好每天会给他们打一个电话。告诉他们你很难给他们打很多个电话,因为你会特别想念他们(这样做其实是为了避免他们让你每隔两分钟就打个电话汇报情况),并和他们商议打电话的最佳时间(晚上太晚,他们又很累的时候不适合打电话)。为年龄尚小的孩子准备一本倒计时日历,这能够帮助他们培养一种更好的时间观念。你也可以建议他们,每当想你的时候,就画一幅画,这样会把他们悲伤的情绪引导到积极而非消极的体验上。当然,不要忘了带回家一份值得等待的、有象征意义的礼物。

孩子想要把玩具飞机带到幼儿园去,或者想要一遍又一遍地听同一个故事,是有原因的。他们带走的任何东西,即便是放在书包或口袋的最深处,都会让他们觉得自己随身携带了家的一部分,仿佛这样可以在他们和爸爸妈妈之间架起一道桥梁:再也没有"幼儿园不是家"的感觉,而是幼儿园有了家的一部分,这一部分赐予他们力量，让他们能够坚持下去。

随着他们慢慢长大，我们也做好父母的工作，用大大小小的别离培养他们，他们会意识到，即使他们和我们分开了，即使分离令人心痛，我们也会一直陪伴着他们，住在他们的心里。当我们住在他们的心里时，他们就和我们在一起了。所以，不要因为孩子哭而感到困惑，不要试着消除他们的悲伤，不要急着去买和死去的那只长得一模一样的仓鼠，也不要急着用新的玩具代替坏了的那个。

我母亲是一个非常瘦小的女人。当我看到她被葬礼用的裹尸布包裹着的时候，我很惊讶为什么这么伟大的女人会这么瘦小。她知道如何被万物感动：人、话语、音乐和记忆都会让她感动不已。每当她哭的时候，鼻子都会变得红红的，而且她很爱哭，可能是因为在收音机上听到了一首歌曲，或者因为一位朋友的举动。她的泪腺非常发达。她的手很好看，每当我们在一起唱节日歌曲时，她总是会随着节奏轻敲指尖。她喜欢和朋友们敞开心扉交谈，而且她每天都会在客厅点上一支烟，打开窗户，让我坐在她身边，和她讲讲我那天在学校里遇到了哪些趣事。

我的三女儿有着像母亲一样好看的手，二儿子有着和她一样一哭就红的鼻子，而我继承了她容易被感动的特质，能够被人、被一次畅快的聊天或是被收音机中的歌曲所感动。我最喜欢的事情就是和孩子们坐在一起，听他们讲讲那天学校里发生了哪些趣事。我记不起和母亲告别的场景，可能是因为她做得很棒，让告别对我来说不再那么困难，而我们的最后一次告别是最艰难的一次。

── 9 ──

在怒气中成长

早上6点15分,我和女儿正在车里。我四十四岁,她4月的时候就十岁了。偌大的停车场停着很多辆大巴车,挤满了孩子和家长,大家都拿着旅行背包和睡袋。在此之前,她仔细思量过要不要去这次为期三天的露营,还问我如果我生日那天她不在的话可不可以。我回答她,如果我生日那天她能很开心的话,我也会感到开心。然后我立刻打开GPS(全球定位系统),看看开车到他们露营的地方需要多长时间。毕竟,第一天太阳落山后,她显然会给我们打电话让我们去接她,她根本不可能成功离家整整三天。

我们下车后,我帮她拿书包。她立刻就发现了去露营的团队,便加快脚步往那边走去。我和她一起往那边走,直到她用身体示意我是时候说再见了。我抱了抱她,她并没有回抱我。我在她耳边轻声说我非常爱她,然后转身走回车上,我回过头想寻找她的目光,可她已经加入团队了。泪水模糊了我的双眼,我几乎看不清走回汽车的路。关上车门后,我开始痛哭流涕。十岁的孩子、童子军制服和大巴车,一切都让我感到措手不及。我没想到自己会像那样情绪失控。

就在刚才我还是那个离开她去工作、开会、出差的人,而她是哭闹、生气、跺脚的那个,怎么可能突然间就转换身份了呢?她会大声喊"妈妈——妈妈!",而我会给她设定界限。我是那个头脑清醒的人,那个离开的人,而她是那个依赖我的人,那个流泪的人。但现在,生命之门掉转了方向,她变得如此清醒、如此独立,去做她自己的事情,而我变成了那个被留下的人,含泪跺着脚,甚至因为无法忍受她如此轻易地说了再见而感到有点生气。

分离是个复杂的过程,始于孩子出生的那一刻,那是母亲和孩子之间的第一次分离,而终于父母离开、孩子留下。我们的终极目标是帮助孩子在没有我们的时候过上美好充实的生活,而且仍旧记得我们的声音。当孩子第一次去幼儿园,入学,露营,参军,在夜晚外出,结婚,出国旅行时,我们会躲在车里哭。他们会一边想念我们,一边度过美好的时光。

开始时很简单——我们满足他们的一切需求,他们变得依赖我们。这是一个令人筋疲力尽但很明确的过程。当孩子两岁左右时,转变开始出现。起初,孩子以客户的身份与作为供应者的父母订立了合同,但现在,父母有时无法给孩子提供他们想要的东西。新的现实产生了摩擦,而孩子会在这种进退两难的情况下获得成长。

当我们对孩子加以限制,刚学步的孩子又不断挑战这些限制时,最初的分离也变得明确起来。我们设定界限,标出我们做到哪里为止,而他们也开始理解自己应该从何处开始。那么,如果现在孩子想要吃冰激凌,但我们告诉他不能吃,会发生什么呢?孩子会启动自己独立的"操作系统",发怒、感到失望或是懊恼。随后,外部的"操作系统"会迅速做出反应,他开始发出抗议:哭闹,赖在地上,打人,说你是个讨厌的人。这时,我们经常会犯这样的错误：我们也以发怒作为回应、要求他立即冷静下来、让他回到自己的屋子里，或者我们干脆妥协，给他买冰激凌。我们疲惫又无助，就是想不通为什么我们可爱的小天使——十分钟前还在笑着玩闹，乖乖听我们的话，或者最多是以一种富有象征意义的方式表达他的抗议——现在变成了闹情绪又爱鬼哭狼嚎的小恶魔。

要明白这一点：孩子的抗议、愤怒和发脾气都是成长的信号。现在孩子站在你的对立面，遇到你给他设定的界限，会觉得反感，因为他是一个独立的个体，有着独立的需求，所以这时你所做的一切是在夺走他体验的权利，而这只会破坏他的成长进程。现在的他正在学习一种新技能，就像是学习怎样走路、怎样打扮自己。我们希望在这个过程结束后，当他遭遇挫折时，能够知道如何应对，如何克服无助感，全面衡量后再做决定，保持乐观的心态，而且最重要的是，他不会因为不想接受的现实而苛责别人，或者认为别人是在针对自己。但罗马非一天建成，这个过程也需要循序渐进。

理解孩子的挫折感

孩子哭泣、不开心、争吵、发牢骚或是开始又踢又喊，并不是因为他们那天早上醒来就是为了破坏你美好的一天。他们产生挫折感是有具体原因的——不是因为你，而是因为界限。不是他们不接受你作为父母的权威，只是他们之前遇到挫折时，你会为他们扫清前进道路上的所有障碍，而现在的你却不再为他们提供这样的服务了。告诉你的孩子："我理解你现在感到生气/失望/伤心/嫉妒。"越精简越好。无论何种情况，重要的是说出具体的情绪，这样他们就能够了解自己此时此刻的感受，下次遇到这种情况的时候，就知道如何用语言表达，而不是大喊大叫了。不要用老师的那种高高在上的口吻和他们说这些话（比如"我理解你现在很生气，但是我们并没有什么其他办法"）。

相反，你需要让他们感觉到你是真的理解他们；略过"但是"后面的话，只需要说："啊，你现在是真的真的很生气。这件事没法办到，让你特别心烦，是吗？"表达出这样的意思就可以了。

对孩子说"可以"

当你告诉孩子做什么不被允许的时候，附带一个合乎逻辑的解释，并告诉他们被允许做的事情。比如说："我现在不能给你买冰激凌，不过你可以吃点西瓜。"他们不一定要接纳你的建议，但提出建议会给予孩子更多的尊重。通过这种方式，我们给孩子的内心种下一颗乐观的种子，他们会清楚，就算处于最困难、最复杂的情况下，周围的一切似乎都在和他们说"不可以"，他们也总会有选择，总会在某个地方找到"可以"的选项。这样，当平静一点，焦虑感也减弱一些的时候，他们就会在摆在他们面前的合适选项中做出选择。

当孩子克服了困难时，给予他们充分的关怀，
但不要在他们哭的时候这样做

你可以给孩子一个拥抱、一个亲吻或是通过其他方式安慰他们——他们可以自己选择到底是哪种。当他们冷静下来，跑到你这里来寻求拥抱，或是想要选择你刚刚提出的"可以"的选项时，别忘了对他们热情相迎。告诉他们，他们正在克服困难，适应情况，让事情翻篇，而这些都不是理所当然的。他们需要听到自己刚刚成功学到的那种新能力叫什么，需要了解这意味着他们正在成长，正在变得越来越强大。如果他们冷静下来，停止喊叫的话，你可以对他们表示钦佩，告诉他们这样做是"懂得如何让自己冷静下来的孩子"。如果他们选择其他方法做出让步，并在四十分钟的哭泣、喊叫和抗议后，对自己得到的东西感到满意和欣喜，那么你可以说："看到你让这件事翻篇真是太棒了——虽然没得到自己想要的冰激凌，但我的孩子现在已经懂得知足了。"

其实，这样做是在为父母需要承担的所有最重要的责任打好基础：每当孩子有了进步，克服了困难，克制了自己，懂得了合作，做出了正确的选择，学会了知足，改变了现实的时候，我们都要对他们表示钦佩，要鼓励和支持他们。此外，当他们大哭大喊或是赖在地上时，我们要允许他们这么做，理解他们的挫折感和怒气，但我们不能过多投入自己的感情，不能也跟着生气、惩罚他们或是想尽办法满足他们的要求，因为这是他们自己的事情。他们拥有自己独立的人生旅程，而我们不能混淆这一点。要记住，他们的怒气并不是针对我们，而是因为他们自己。

如果我们也以发怒作为回应，惩罚他们，或是告诉他们，我们对他们的这种反应感到特别难过，那么我们就是在破坏他们自我学习的空间。我们不准他们和我们分开，并把一切都归结到我们与他们的关系上。生活给孩子上的课从他们两岁发脾气的时候就开始了；到了三岁，他们要自己走去幼儿园；五岁时，他们独自去参加生日聚会；七岁时，他们因为没做作业而被老师记名；十岁时，他们去露营，克服了诸多挑战，令你惊讶的是，他们能够成功留在营地整整三天。

— 10 —

怎样与孩子谈话

我特别熟悉那种神情,当母亲失望的时候,当她太过在意我的时候,当她被处于青春期的我冒犯到的时候,她脸上出现的那种神情会让我们之间的冲突瞬间消失得无影无踪。每当我的行为越界时,我就会看到那种震惊、愤怒、排斥我的表情。那是一种受到侮辱的表情。

那种表情表明,现在需要解决的是她的情绪,而不是我们刚刚的争吵,不是我的需求,甚至不是我自己的感受。现在,我必须慢慢走过去,试着弥补刚刚我在气头上脱口而出的难听的话给她带来的伤害,只有这样她才能继续爱我。但哪怕我去恳求她,成功得到了她的原谅,她的表情也还是给我们双方心中都留下了一道伤疤,而这道伤疤会伤害我们的关系。

为人父母最吃力不讨好的就是我们要做孩子的"毒素过滤器",就像是一块吸收所有脏东西的海绵。而且无论孩子多大年纪,都是如此,因为就算是三十五岁的女性,她也会只冲着妈妈释放她的"毒素"。在遇到挫折、碰到难以处理的账目、度过艰难的一天或是受到其他情绪垃圾的困扰时，如果是在其他时候，你可以勇敢、自信地解决，但就是在妈妈面前，你又变回了从前的那个小女孩。

在养育子女的过程中，重要的决定是我们选择做一块什么样的海绵，在软硬之间找到适当的平衡，但想准确找到却很难。我们怎么才能在让孩子感到足够舒服的前提下，既让他们把遭受到的挫折发泄给我们，又能够昂首挺立，不会因他们刚刚倾倒在我们身上的那些恶臭的垃圾而失措？当他只有四岁的时候，他会在我不让他再吃一块巧克力布丁时叫我"小气鬼"；七岁时，因为我没有同意让她的朋友在工作日的时候来家中过夜，她会对我说"我恨你"；十三岁时，因为我们不允许他不戴头盔就骑自行车，他会对我说特别难听的话；而十七岁时，因为我不让她去有酒和男生的通宵狂欢派对，她会冲我大吼，说我什么都不懂，说有我这样的妈妈真倒霉。我们怎样才能够吸收所有这些"毒素"而不至于崩溃呢？我们怎样才能让他们把这些负面情绪发泄出来，并且时刻记得他们并不是针对我们呢？

这确实是我们作为父母最具挑战性的任务之一，因为它需要我们把自己和敏感的情绪放到一旁，认识到如果我们喧宾夺主的话，就不是在教育孩子了。没错，即便是最好的海绵也需要旁边有一个水桶，这样它才能偶尔排空自己，但我们没有被孩子侮辱的特权。我们和他们既不是夫妻关系，也不是朋友关系，即便我们之间的平等价值是家庭的基础，我们与他们也不是平等的。因为我们对他们负有责任，我们是父母，而他们是我们的孩子。

当孩子遇到了不想接受的现实，他们的焦虑水平就会上升。他们要直面一个不幸的事实，那就是这个世界不是为了随时迎合他们的需求而存在的；他们感到孤独、气恼，不再遵守礼貌的规则，愤怒的话语脱口而出。他们将矛头对准我们——他们的父母，但他们其实只是想要为内心巨大的挫折感找一个发泄口。我们应该包容、接纳他们的挫折感，这并不是因为我们是孩子的出气筒，而是因为我们的首要任务是在他们面对规则的时候，教导他们这些规则并不是针对他们个人的，而是事情本来就是这样——因为他们的做法很危险、不健康或是违背了我们的价值观。

孩子所要面对的并不是我们和他们之间的问题，相反，作为一块"海绵"，关键在于我们要让自己融入他们的挫折感，理解他们的困难，同时又不改变原本设定的界限，以帮助他降低焦虑水平，克服困难。

我们本该教会孩子事情并非针对他们个人，但我们在听到那些难听的、侮辱性的话语后（比如"你就是个大傻瓜！"）总会忘记那么做，而是质问他们："你刚刚说什么了？！你叫我什么？"然后客厅里传来爸爸的叫喊："不能那样跟你妈妈说话！"妈妈接着会说："现在马上回你屋里去，好好想想刚刚从你嘴里说出了什么话！"或者我们会使出撒手锏："你刚刚说的话真的让我很受伤。你让我觉得生气又难过。如果我对你说我讨厌你，你会有什么感受？"如果我们以这种方式回应侮辱性的话语，整件事就会转变为"私人恩怨"，孩子会觉得这是件私人的事情。当他们遇到不想接受的现实时，他们只能独自面对，因为如果他们把气撒在我们身上，我们就会把本来有关于界限的事情转变成我们和他们之间的问题。我们已经教过孩子对界限感到愤怒，不接受界限，把这看作"私人恩怨"，而没有教他们如何在内心寻找能够帮助他们应对和克服困难的方法。特别是，我们也已经教过孩子，当他们感到生气，把自己的挫折感发泄在我们身上时，我们对他们的爱和包容突然间就有了条件，我们之间的关系也开始动摇。

相反，如果我转向刚刚叫我傻瓜的孩子并和她说："我理解，不能再吃一块巧克力布丁，你觉得特别生气。"此时，她的焦虑水平就会降下来。不像她刚才做的那样，我没有助长"私人恩怨"，而是告诉孩子："我和你是一起的，我理解你，这件事的确很令人心烦。"我并不指望她会马上平静下来，也不指望她会说："好的，妈妈。我今天的确已经吃了很多甜食。"但当我没有对她释放给我的"毒素"做出反应，而是转而关注引起她这种做法的情感缘由时，她会知道面对挫折，自己并非孤身一人。

父母得到的尊严并不在于三岁孩童在气头上说出的话，而是来自我们设定界限的能力，以及我们不会因孩子不满意我们设定的界限而误以为他这样做是在轻视我们；这份尊严来自我们的理解能力，如果我们把重点放在她刚刚说出的侮辱性的话语上，让自己卷入关于平等的问题上，就阻止了孩子直面现实，解决问题。如果我们不再关注他们所说的话或是我们自己的尊严，而是回应这个还在心烦的孩子，说一句"我理解，因为我们不能做你想做的事情了，所以你现在感到生气/失望/难过/嫉妒/悲伤/心烦"，慢慢地，孩子会意识到她自己的实际感受是什么，以及怎样用正确的语言描述她刚刚的经历。能够把自己关于尊重的想法搁置一旁，关注孩子当时的情绪才是父母真正的尊严所在。

我现在还记得他第一次对我说"我讨厌你"的时候。当时他三岁半，我们在从幼儿园回家的路上，我正想着心事。我们手拉手沿着小路朝前走，他一边滔滔不绝，一边走得很慢，而我感觉热得难受。当他想要在街角的小店停下来时，我伸手到包里摸钱包，希望可以找到些硬币给他买点吃的，这样我也可以有几分钟的时间想想自己的事，列出我当天下午必须做的事情。但我没找到钱包，我忘记带了。

我试图和他解释因为妈妈有点犯糊涂所以没带钱包。如果可以的话，我想和他解释，我之所以没带钱包，是因为我为了照顾他的小妹妹整夜没合眼，又或许是因为我在担心他哥哥的事情，我和他哥哥的幼儿园老师谈过话，老师说他哥哥最近遇到了些困难。或许我还会告诉他，我在进幼儿园之前在车上坐了一会儿，气自己提不起精神进去，也气自己需要在空调车上多享受几分钟的平和与安静。或许我也可以只告诉他，假期快到了，每到假期的时候我都会特别想念妈妈，所以我才把钱包落在家里了。

他的表现是之前从来没有过的。当他比现在还小的时候，眼泪总是会夺眶而出，但自从他的金发小妹妹出生后，他就变得总是生气，几乎从来不哭。他用闪闪发亮的眼睛看着我，快速眨着眼睛，像是在告诉蓝色的双眸不要流眼泪，然后他尖叫道："妈妈，我讨厌你！"我想他自己可能也吃了一惊，因为这是他第一次这么大声地说讨厌我。

我俯下身，这样我可以直视他的眼睛，然后对他说，我没带钱包这件事的确特别令人恼火，我理解他想要去街角的小店里买点东西。我建议我们坐在人行道上，一起为没带钱包的事，为我们本来可以用钱包里的钱买到的所有东西生一会儿气。我们俩——一个精疲力竭的母亲和一个沮丧失望的孩子——就一起坐在了那里。这时他已经不再生气了，眼泪也流了出来。而就在那条人行道上，当我和他共同面对生活的时候，我没有丢失一丝一毫的尊严。

11

男孩有泪可轻弹

尤瓦尔从来不哭。即便是我们一起看电影,我哭光了一整盒纸巾,他的眼睛也没有湿润。我嫁给了一个男子汉,男子汉从来不哭。我的确很难想象一个男人因为受到上司的冒犯,或是因为妻子最近没有给予他足够的关注而哭泣的场景。

当女儿流泪的时候,尤瓦尔会第一个去抱她,对她的态度也温和下来。相反,如果儿子哭了,我能感受到他变得不安和焦虑,因为他看到了自己的弱点——经过多年的努力,他成功掩饰并隐藏的弱点。对于小男孩和小女孩有完全相同的爱哭习惯这个简单的事实,他会怎么做呢?

生命伊始,宝宝通过哭来获得自己生存所需的一切。他们的哭声帮助我们适应他们,以他们需要被照顾的方式来照顾他们。随着他们渐渐长大,情感世界变得越来越复杂,他们哭的原因也多了起来,这时候我们会开始感到有些紧张。试想一个四岁的男孩,他可能会因为很多原因而哭,比如说被球砸到,玩游戏输了,打疫苗的时候很疼,受到了朋友的侮辱,等等。我们往往会尝试很多办法扼杀他们的哭声，摆出蔑视的表情，不耐烦地对待他们，还用话语刺激他们，"别哭了，小伙子"，或者是"你现在是在为这种事情像女孩一样哭吗？"。

我们是在向他们传递这样的信号，那就是他们不应该哭，哭是不好的，每当他们感到难过或是生气的时候，每当泪水从他们眼中涌出、他们的下巴颤抖的时候，他们都必须控制住自己。虽然高压锅的锅盖盖上了，里面的蒸汽却还是会想办法出来，而最终它会找到一种具有攻击性的方式。如果这种情况发生在男孩身上，我们还是可以处理的，不是吗？所以，他会扔椅子，在幼儿园和小朋友打架，轮到他玩秋千的时候其他孩子想插队，因而他推了这个孩子，但是至少他没有哭。

我们从男孩身上剥夺的不仅是他们美妙的哭泣，还有哭泣通常会带来的所有情感交流：共情、我们的倾听以及理解，即在和亲近的人交谈时，表现出自己脆弱的一面是被允许的，也是值得的。我们阻碍了他们学习的过程，他们无法理解情感交流是上天的恩赐，能够帮助他们进步；但更重要的是，我们让他们失去了多了解自己一些的机会。

眼泪会遮挡住视线。这可能也是动物从来不哭的原因，因为流泪会让它们更容易被捕获。但对我们人类来说，外部的模糊视线能让我们更好地看清自己的内心，深入自己的灵魂，而且这可能是更具智慧的生存之道。哭是为了让我们给自己的情感系统通通风，停止所有的自动功能，只是聆听自己心灵的声音。

所以，在我们再次对男人迟钝的情感嗤之以鼻之前，可能需要为过早地将他们的眼泪转化为愤怒和攻击，为不经意间把他们变得对自己、对未来的伴侣，甚至对整个社会都不那么友好而承担一些责任。而且，如果我们允许他们，也允许我们自己在他们面前表达情感，哭出来，理解自己也理解他人，那么这个世界会变得更好。

因为我的儿子们年纪尚小，每年，我都会在他们的生日贺卡上写下祝福，希望他们在长大一岁后，还是可以放声哭泣。但他们从来没有真正理解我所说的话，每次听到我的这种祝福时，尤瓦尔也对着我做鬼脸。现在，他们几乎从来不哭，但偶尔我还是会在他们内心代表着男子气概的警察要求他们靠边停车、出示驾照之前，看到他们眼中泛起一点点湿润。我虔诚地祈祷，希望在他们未来的人生中，在他们与自己或是与他们所选择的伴侣相处时的私人场合下，我这些年来对他们的祝福能够成真，他们能够让心中的那个警察暂时休息一会儿，清楚地知道即使哭了，他们也仍旧是男子汉，甚至会是更强大的男子汉。

12

"快点，我们出发吧！"

她从噩梦中惊醒，哭声盖过了外面瓢泼的雨声。"妈妈，我梦见你变成了另外一个人，"她哭着说，"你还是你，但是很愤怒。你看起来像妈妈，但总是在吼我们。你特别吓人，是一个恶魔妈妈。"

我紧紧地抱着她，给她拿了一杯水，然后在心里想她说的话有多么正确，她做这样的噩梦是有原因的。过去几天里，我特别忙，做事的目的性特别强，而这让我变成了一个恶魔妈妈。当有很多事情要做的时候，我们会很容易忘记快乐。

我们需要打扫屋子、洗衣服、浏览电子邮件，还要上班。我们需要一些平静与安宁，需要和伴侣在一起的时间，需要冲五分钟的澡，而孩子成为我们完成这些日常任务的阻碍。所以，为什么他们不能穿好鞋子，上床睡觉，因为我们要去某个地方而赶快下车，行动起来呢？我们会对孩子说："快点，好吗？""为什么是现在？""别这样，够了！""我说立刻！""我数到三。""如果你不……我就要……"我们甚至没有注意到，此刻我们变成了横眉怒目的巨人，驱使着他们完成事情，变成了忘记怎样笑，没有任何特殊原因就荒唐行事的人，变成了不会快乐生活的人。

我们有时会有这样的感觉，假设我们顺从他们，一边跟他们一起唱有趣的歌一边给他们穿衣服，或是停下来一会儿看看桌子投射在墙上的影子，那他们就赢了，我们会成为没有界限的父母，我们养育的孩子也不会懂得适可而止。事实上，如果我们和他们对峙，把注意力集中在时间和摆在面前的任务上，那么我们可能会比和他们一起赶时间花费更多的精力和时间。如果我们和他们一起赶时间，我们还是会在完全相同的时间到达目的地，但会有一种赢了时间的感觉，而不是赢了或是输给了我们的孩子。

即使我必须强迫孩子穿上鞋子，违背她的意愿把她塞进车里，但如果我告诉她虽然我爱她，她是我的宝贝，可我们得准时到达幼儿园的话，感觉也会完全不同。当她冷静下来时，我不会教育她要准时，或是质问她为什么每天早上都得像噩梦一样，而是会立即把这件事翻篇，夸她做得特别棒——尽管她并不想，却还是迈出了这一步，成功地完成了任务，现在她冷静下来了，我要和她分享昨晚我做的一个梦，因为它特别有趣。想想刚才我已经教给了她多少应对生活的办法。

调整自己，投入精力，深刻理解谁在对抗谁，这些对你来说才是重要的事情。这样做是为了在完成日常任务时，不仅要怀着吃完晚餐、洗完澡、讲完故事和睡觉的目标，还要教给他们限制或常规并不是针对他们个人的事情。他们要通过自己选择穿哪件衬衫或听哪个故事，而不是和我们对抗来获得掌控生活的能力。他们要选择快乐，而不是痛苦；选择幸福，而不是沮丧。

耐心不像头发或眼睛的颜色，是你与生俱来的特质。需要记住的是，尽管急躁的代价由双方共同承担，孩子却是需要付出更大代价的一方。如果孩子的行为榜样每天都是高效但沮丧愤怒的，那么他们长大后也会对他们自己、对其他人和不想接受的现实失去耐心。

最痛苦的时间莫过于早上和晚上，这两个时间是对我们耐心最大的考验。小孩子面对的是他们没有兴趣完成的日常任务，而我们却想要以最快的速度完成它们。这种利益冲突造成这样的局面，即我们不断向下个任务努力，而孩子则用尽一切招数拖延时间。没有孩子能够每天早上按时起床，快速选好要穿的衣服，自己穿好衣服，刷牙，穿鞋，高高兴兴地在二十分钟内就出门。如果有孩子能够在不磨蹭、不抱怨的情况下快速完成这些任务，那么他们一定是受到忽视的孩子，父母不在身边或是父母无意按计划完成任务。

早上不一定是培养孩子独立性或是坚持高标准表现的最佳时机。在遇到利益冲突的情况时，我们也应该让自己看得简单一点。周末去游乐园时，孩子们总是会自己穿好衣服，因为他们特别想去。有的时候，他们的哭声或不满是我早晨的配乐，我必须提醒自己我和他们是一起的，而不是对抗关系。如果我们在这个过程中遇到的所有令人厌烦的站点——穿衣服，刷牙，穿鞋——都能快速完成的话，我会承诺他们玩一次挠痒痒游戏或是在厨房里跳有趣的舞蹈。然后，要是他们还是坚持让我第无数次给他们梳头发，我会和他们解释，接下来如果他们不能自己选择，那么我会为他们选择，而且也不会再改了，因为我们想要一起到达"快乐的站点"，也就是最后一站——快乐的地方。

孩子的到来是为了教会我们一些东西，提醒我们一些我们曾经知道的事情。在我们还是一对没有孩子的夫妇时，我们欢笑不断；二十岁的时候，我们每天都很开心；十七岁的时候，我们会呆呆地望向远处；九岁的时候，我们对整个世界都充满了幻想。我们活在当下，因为甜甜的味道而心情愉悦，感受沉溺于拥抱、在水中游泳、骑自行车时微风拂过发梢、玩过家家游戏、把地上捡起的树枝想象成魔法棒带来的快乐。孩子的到来是为了提醒我们什么是快乐，提醒我们笑声、好奇心和新发现的真正意义。

知道我孩子眼中的妈妈是个快乐的妈妈让我不会每天（呃，几乎是每天）发疯，即使她必须完成那些令人厌烦的任务；还提醒我不要与他们对抗，不要变成那个必须按时上班的暴躁女人。懂得苦中作乐的父母能够培养出笑对命运的孩子。我们的小宝贝一眨眼的工夫就会长大成人。很快，我们就不用再给他们梳头发，催促他们，把三明治放到他们的背包里了。我们最多会在他们离开家时听到一句"拜拜"。所以，让他们从充满快乐的家中离开吧，这样就算他们今后遇到困难，也会从自己身上寻找快乐。快乐永远会是他们的选择，就如同小时候自然而然做出的选择一样，他们长大后也能够选择快乐地生活。

13

"过去,说声对不起"

为什么让我承认自己的错误这么难呢?我正躺在卧室的床上,老五快要睡着了,而我在旁边陪她。平常,我的脑海中会过一遍第二天需要做的事情:罗娜的学校要举行节日庆典,得给她准备白衬衫;给利希准备苹果和蜂蜜;约阿夫要交文学课本费;希拉要空牛奶盒;给埃亚勒准备签好字的健康申报书。但是今天,在我和老三大吵一架之后,我满脑子都是后悔,已经腾不出空间想这些事情了。

我的确冲她大喊大叫了。当时她正焦急地找手机,然后就开始朝大家喊了起来,而我正在忙着收拾餐桌。一开始我并没有理她,但后来她走过来,用被惯坏了的语气指责我,高声说了些无礼、让我难以忍受的话,就在一瞬间,我爆发了。

这把我们两个都吓到了。我吼着说了些难听的话。我告诉她不能像刚刚那样冲大家大喊大叫,告诉她我已经厌倦了……其实我说了很多和她完全无关的事,一定是实在忍不住了,我才会一股脑地把这些都倒了出来。她号啕大哭。我砰的一声关上冰箱门,转身去擦厨房里的洗手台。我们谁也没有再看对方一眼。虽然我们七个都在家，但屋内一片寂静，只有我的怒吼声在回荡。她的妹妹站在水槽边，转身对我说："差不多了，妈妈。"妈妈这个称呼让这一事件得以结束，它提醒了我应该扮演的角色，所以我大喊我要带老幺去睡觉，希望其他人都保持安静。我甚至没有看她一眼，就把她留在厨房，既震惊又伤心。

当老幺睡着后，我走出房间，继续扮演"妈妈"的角色。之前的心跳加速和失控已不复存在。我走到老三屋里，发现她已经把明天上学的书包收拾好了。在和她道歉之前，我整个人都被巨大的内疚感笼罩着，感觉糟透了。虽然她看起来已经长大了，会像成年人一样说话和生气，但她仍然是我的小姑娘，而我却失控了，像疯了一样冲着她大喊大叫，甚至在她哭了的时候也不肯停止。我不知道这一切为什么会发生，也不知道是怎么发生的，我感到很抱歉。我向她道歉了，请求她的原谅。

发自内心的道歉有一股神奇的力量。真诚地说出"对不起"这个有分量的词，真的会治愈痛苦、缓和关系、建立信任。说对不起会拉近我们之间的距离，让我们变得更脆弱、更有人情味。说对不起能帮助我们承认主观性：每个人都有自己的世界和个人逻辑，具有独特的敏感性、痛苦和理解事物的方式。当两个人的世界发生碰撞时，有时候会有人受伤，有人不被完全理解，有人感到痛苦。当一个人承认自己对另一个人造成了伤害时，没有"如果"也没有"但是"，只是为给对方造成的伤害说声对不起，就会产生特别大的力量。那么，我们为什么要教孩子自发地说出对不起呢？

"快和你哥哥/弟弟道歉！难道你没看到他在哭吗？""去和你爸爸道歉，这样他就不会再生气了。""乖孩子都会说对不起和谢谢。快说对不起！""你没有发自内心地说，重新说对不起，要真诚。""现在我们问问他是不是已经原谅你了。你原谅他了吗？"我们是不是和他们解释了很多遍，当孩子冒犯了别人或是犯了错的时候，他们得说对不起？这是最基本的，对吧？但让我们试着从孩子的角度来看这件重要的事情吧。

第一种想法："我抢了他的球，现在他哭了。我做错事了。为了补救，我需要说'对不起'，然后一切就会如初了。所以这句话比较容易说出口，特别是只要敷衍一下，过错就会烟消云散。五分钟后，如果我又想抢他的球，我还可以这么做，只要再说一次对不起就可以了。"

第二种想法："我做了错事，伤害到了别人，为了抵消我的过错，我必须付出代价——要在整个幼儿园的人面前，在爷爷奶奶外公外婆面前，在朋友们面前说出那句就是为了羞辱我的话（一般要公开地说，而不是私下去说）。所以我说了，现在我们扯平了，生活可以继续了。"

很显然，这两种想法都是有问题的，他们都没有承认自己对另一个人做了错事。我想让孩子懂得对其他人的痛苦感同身受，注意不要让自己伤害到他人，避开那些会对他人造成伤害的借口和想法。但想要做到这些，并不是要在道歉之前让他们感觉自己受到了羞辱，而是要让他们学会真心实意地道歉，让他们在必要的时候用合适的方式表达歉意。

讲到这里，权威型父母会反驳我，说我这样做是在瓦解维护家长权威的家庭等级结构。在他们看来，父母不应该和孩子道歉，如果真的要道歉，也得马上和孩子解释自己是怎样下决心道歉的，以及为什么不允许他们像刚刚那样说话或做事。

但我认为，孩子会将他们在原生家庭（我们的家庭）的初始关系中所经历的、看到的和感受到的一切带入他们人生中的其他重要关系中。如果他们经历过真心实意的道歉，那么今后当有人告诉他们需要道歉时，他们就不会有受到羞辱的感觉，而且当别人向他们道歉时，他们也不会感到无所谓。这样做可以让孩子意识到，说对不起往往能够拉近他们与其他人之间的关系，而不是只为了故作姿态。这并不是软弱的表现，而是力量的象征，真心的道歉会让双方都感到轻松不已。

想要从孩子口中听到真心实意的道歉可能还需要花些时间，但我们真正的目的并不是一定要让他们用正确的方式和我们道歉，重要的是，我们要让他们感受到当他们抛开自我，不实施暴力、不进行责备或是重新引发争执，而是真心地说出"对不起"时会发生什么。作为父母，我们的任务是为我们想要、期盼和梦想孩子成为的样子树立行为榜样，因为没有比这样更好的教育方式了。

14

爸爸妈妈吵架时

周六晚上,我们从爷爷奶奶家回家。夕阳西下,爸爸正开着车,妈妈坐在他身旁,我和弟弟拉尼舒服地坐在后座上。收音机里正播放着一首老歌,拉尼伸展着身体,已经熟睡了。虽然我的上下眼皮也在打架,但我还在尽力保持清醒,不想让睡意这么快袭来。开夜车的时候,四周的一切都是昏暗而舒适的,这时候更容易睡着。妈妈和爸爸聊着天,妈妈笑了起来,右手食指随着音乐的节奏敲击着窗户。我能从他们聊天的语调中听出即将发生的事情,了解他们声音中的每个音符代表的意义,然后我看到妈妈的左手和爸爸的右手牵在了一起。爸爸用一只手开车,妈妈快速看了爸爸一眼,然后笑了。他俩的手指相互交缠了几秒钟。我想这时我可以闭上眼睛了。

妈妈、爸爸和他们共同构成的空间就是家。孩子在这个空间里慢慢长大,把父母的关系内化,并在此基础上演绎出他们自己未来的关系选择。在有孩子之前,除了我们自己,我们吵架的方式并不会"污染"其他人的世界。当孩子降临到我们的生活中时,我们会因为无数芝麻蒜皮的小事争论不休，而我们争论的方式会影响孩子成长过程中的"受污染程度"。当我们涂上迷彩，向战场进发的时候，孩子在注视着我们。

相信每位父亲或母亲在看到自己的孩子们一起愉快地玩耍、拥抱、欢笑或只是聊天时，都会感到欣慰不已。良好的家庭关系能够带给我们安全感与成就感，使人沉醉其中。相反，当孩子吵架、挥舞双手、抬高嗓门、滋生出嫉妒的情绪时，我们需要出面干预，平衡关系，教育他们，但最重要的是，我们会感到忧虑和痛苦。

那么，现在试想一下，当我们吵架时，会对孩子造成怎样的影响。毕竟，他们不能真的来干预我们，决定让妈妈休息一会儿，介入父母之间，或者要求我们不要用这样的方式说话，因为"在我们家我们不这样说话"。但毫无疑问的是，他们会承受双倍的担忧与焦虑——与跟他们吵架时我们所感受到的相比。每次，当我们的争吵恶化为辱骂和吵嚷、蔑视与不尊重时，孩子都会听到；他们会像对待自己的事情一样看着我们争吵，虽然他们没有打断我们向对方射出"毒箭"，但这并不意味着他们不介意。他们其实很留意我们的音量，可他们内心的声音却告诉他们这个时候要保持安静，不然只会增添我们的烦恼，而他们最害怕的就是这种争吵的场面永无休止，从今以后，他们要在怨恨中长大。没错，现在我们向他们传递的正是怨恨。他们深埋着头，祈祷着争吵可以结束。

争吵和分歧是生活的一部分。真正的关系需要有争吵和分歧——下次在孩子们吵架时，如果你想站出来训斥他们，请记起这一点。但当孩子们在家时，怎样才能将你们的争吵控制在适当的范围内呢？

试着想象你们和朋友外出用餐时，当着你的奶奶或是父母的面,在饭店里发生了争吵。试着带上自尊心去争吵。文明地争论并不是说你不能抬高自己的声音,但你确实不能大吵大嚷或者情绪失控。你可能会说出一些刺耳的话,但这些话不能只是为了伤害对方。哭闹、摔门、阴暗的想法,所有这些都不要在家里出现,将它们留到深夜,不带孩子,开车出去谈。

不要给孩子做出在吵架的过程中摔门而去的示范,就算只是离开一小会儿也不可以。当孩子到了青春期的时候,你最不想看到的就是他们在吵架时离家吧。如果他们年纪尚小,流露出担忧的情绪,你可以暂时停止争论并和他们解释道:"我现在对爸爸很生气,我们正在争吵,想让对方理解彼此的想法。虽然争吵的过程并不愉快,但很快就会结束,然后我们会和好如初,像之前一样开心。"

现在让我们来关注争吵本身,特别是我们争吵的内容与孩子有直接关联的时候。当我们踏上为人父母的旅程时,我们第一次了解了另一半的育儿观念。虽然这并不是在孩子出生前我们想象不到的事情,但当我们真正承担起父母的职责时,我们总是会碰到另一半的育儿观念中我们从未想过的一面。这往往会造成一种分歧,使我们的育儿方式只是集中在对对方行为的回应上。比如,如果我的另一半表现得不耐烦,那么每当我觉得他的急切会伤害到孩子时,我都会立即制止。我并没有注意到,只是为了去平衡他的不耐烦,我变得更有耐心起来。而这样做反倒令他更加不耐烦了,因为现在他不仅对孩子,还对我不耐烦——对我的育儿观念感到无法忍耐。

试想一下孩子谈论你以及你拥有怎样的特质的场景。虽然他们只有三岁,你却可以试着把他们想象成二十岁的孩子讲话时的样子,那么他们会怎么说呢?"妈妈总会做出让步,爸爸总是固执己见。""每当我生气哭了的时候,妈妈都会过来抱抱我,可是爸爸马上就会生气。""如果我把事情搞砸了,妈妈会批评我,所以我只和爸爸说这些事情。"孩子的这些说法反映出我们必须时常转变自己的角色,否则他们会为此付出沉重的代价。我们如果不去转变角色,就会造成"唱红白脸"的场面,这迫使我们与最初想要达到的目的背道而驰,把我们推向另一个极端。

父母需要依赖自身的优势基础和他们天生具有的特质来塑造角色。如果父母的角色能够让父母和孩子都获得满意的结果,让每个人都开心,那就表明一切进展顺利。但偶尔,我们也需要灵活地转变自己的行为方式:既唱白脸又唱红脸,既有不耐烦的时候,也有耐心的时候,既严厉又温柔,既博学清醒,又懂得请教与质疑。相信你并不想让孩子在面对生活时,在心中简单地将事物分为好与坏、黑与白,而是让他们有更加深刻、丰富的见解,而这源于拥有两种不同的育儿观念、追求相同的目标,并给予对方充分尊重的父母给他们定下的明确的养育方向。当父母在前进的路途上就教育目标或方式出现很大分歧时,你们只要停一下,坐下来开次家庭会议,然后重新规划路线就可以了。

请记住,孩子也需要看到你们幸福地生活。我们总是忙于养育和敦促他们,争吵、委派任务、完成任务、解决问题,在他们眼中,我们像是室友或工厂经理。那些能够让孩子永远记住的美妙瞬间是你们在车里突然牵起手的时候,你们准备晚餐时在厨房里拥抱的时候,看电视时把手搭在另一半肩上的时候,你们相视时露出浪漫微笑的时候,走进同一个房间轻轻一吻的时候,周日早晨一起依偎在床上的时候。背起自己的另一半,逗自己和孩子开怀大笑,寻找生活中的乐趣,表达爱意。打开婚礼相册,笑当时爸爸头发还很多，笑妈妈裙子的花边有多么夸张。向他们讲述你们相爱的故事，告诉他们这个故事有多么动人。虽然这是很久之前发生的事，但它不仅与你们有关，也和孩子有关，因为他们是你们爱情的结晶，而且在日常生活中，他们也需要亲眼见证你们的爱情。

如果孩子习惯于看到父母之间融洽相处的场景，即便父母吵架时，孩子也能在夜晚酣然入眠。

― 15 ―

鹳的来访①

在我两岁半的时候,弟弟拉尼闯入了我的生活。那天,父亲来幼儿园接我,告诉我我有了一个弟弟。他把我放在车后座,然后开车前往医院。他从杂物箱里拿出一条巧克力,掰下来四块——我一般只可以吃一块——然后跟我说今天是特别甜蜜的一天。尽管当时的我还很小,我仍旧记得那一天,因为那天我成了姐姐。

当新生儿加入家庭中时,通常需要几周的时间让父母恢复精力,也让婴儿,那个一开始并不上镜的小团子,拥有更加分明的轮廓。然后我们会拍出那张完美的照片——一个身穿干净白衬衫的小姑娘正抱着她新出生的弟弟,此情此景是如此温馨,如此欢乐。

但是,当孩子的生命中出现了弟弟或妹妹的时候,他们也会感到悲伤,他们会打心底里明白,这个小家伙就要待在这里了,家庭结构已经发生了变化,永远不会回到最初的样子了。她再也不能单

---

① 在西方文化中,鹳被视作"送子鸟",送子鸟在谁家屋顶筑巢,这家人就会喜得贵子。——译者注

独拍照了，即便可以，她也不再是独自一人了。她必须告别家中唯一孩子的身份，告别她曾经知道的全家福的样子，告别她曾经了解的自己，现在，她必须与一个新的生命分享新的生活，这个新生命的到来把她驱赶出了天堂。世界上最安全的地方已经不在了，而另一个需要关注的小家伙加入进来，她所扮演的角色和日常生活都已与从前不同。她开始担忧，这并不是一种具体的感觉，却逐渐变得清晰而现实，就好像在抢椅子游戏中：音乐响起，大家都围着椅子转圈，然后音乐戛然而止，我却发现没有我坐的那把椅子了。

我相信兄弟姐妹都是美好的礼物，但我们不能指望我们的孩子——老大、老二、老三——也能够在弟弟或妹妹到来时和我们一样兴奋与敬畏。试想某一天，你的丈夫带回一个年轻貌美又特别可爱的女人，然后对你说："别担心，我还是像从前一样爱你。这个女人只是和我一起睡在我们的房间里，穿那些你穿着小了的衣服。"试想你的妻子带着一个身材魁梧、拥有古铜色肌肤、风趣幽默的男人回家，然后对你说："这是我特别为你准备的大礼！你们会成为最好的朋友。从现在开始，我们去哪儿，他就会跟着我们一起去哪儿。每当他有了动静时，我们都要关注他，因为他是新来的。对了，你介意和他一起拍张照片吗？这样我们就能炫耀一下家里来的新成员了。"

所以，你需要让大一点的孩子也能够拥有单独拍照的权利。在你心里为她找一个特别的地方，一片只属于她的空间，这样她就会明白，即便自己被赶出了天堂，你也会永远爱她。下面我们来看看你可以怎么做。

坦诚相待

不要编故事或是隐藏事实。你可以给他买一份礼物来庆祝这件令人兴奋的事情，你也可以帮他给他的弟弟或妹妹选一份礼物，或是让他自己选一份礼物送给他，因为你感到很开心。他成为哥哥这件事情是一个特别好的理由，你可以借此送他礼物、举杯庆祝，甚至在幼儿园举办聚会。你只需要提前问问他，看看他最喜欢的方式是什么。这时候，你就可以告诉他，他现在已经是大孩子了，你可以与他一起商量能让他开心的事情。

如果你打算为庆祝新生儿的到来举办聚会，可以让大孩子参与筹备。让他选择在聚会上要吃的甜点或是要放的音乐、给婴儿准备的毯子，或者让他讲一段祝词，然后你在客人面前大声地朗读出来。礼物、甜食和聚会都会带来快乐，但要为了让他感到兴奋和幸福去做这些事情，而不是出于对他的补偿或是保护。不要等他出门后才去亲吻、搂抱宝宝，因为他内心深处会知道你正在这么做。他需要知道真相，因为现在在他的心中，一切都变得很复杂。他需要你呵护宝宝、爱宝宝、搂抱宝宝，因为这样会让他（以一种间接的方式不经意地）发现你有多么爱他、呵护他。

父母确实会爱他们所有的孩子——这应该是你需要让他得出的结论。

要有耐心

作为父母，我们在商量过，做好准备后，才选择让新生命降临到我们的世界和整个世界上。但是，如果你认为当你问孩子"妈妈肚子里有什么呀？"，她回答"一个宝宝"，就证明她理解这件事了；当你念相关的书给她听，她就能够真正明白这件事是什么样的；当她的朋友有了妹妹，她就能想象到自己有妹妹会是什么情形，那你就错了。

其实，她能够真正理解姐姐的含义并表达出来，需要几个月的时间——这不是她自己选择的结果，而且在这个过程中，她无法控制任何事情。时间会起到重要作用，证明一切都会好起来，而证明的重担落到了你身上。只有给予孩子充分的时间，而且你也能够承担起家长的角色，证明在你的抢椅子游戏中，一把椅子也不会少；音乐结束时，她仍旧会拥有自己的那把椅子；就算有其他孩子睡在她的婴儿床上，穿着她以前穿过的衣服，就算妈妈的乳房哺育着其他孩子，也没有人能够真正取代她的位置——只有这时，她才会表达自己的悲伤、嫉妒和愤怒，退步，激起权力争夺。表现出这些行为或其他行为能够帮助她理解新的情况是什么样的，让她准备好——就像你让自己准备好一样——真正地成为姐姐。

让大孩子拥有一些特权

很多父母会说："他和宝宝相处得特别好，他会轻轻抚摸宝宝，向他的朋友炫耀宝宝。他只是总爱和我们生气、闹别扭。但这和宝宝没有任何关系。"这和宝宝的关系太大了！你的孩子很聪明，也很敏感，他从一开始就意识到了自己没有任何理由对婴儿床里被裹着的小宝宝发火。而且，如果他真的冲宝宝发火了，他可能会因此出局。

那么，当一个三岁的孩子害怕自己的位置被取代，而且清楚地知道这个新来的小家伙对他的父母特别重要时,他会怎么做呢？答案就是：他会发火——如果不是冲着宝宝,那就是冲着带来宝宝的人。他会退步,试着重新像小时候那样,因为很明显,大人更喜欢小孩子。或者,他可能会变得烦人、发牢骚、拒绝配合,采取各种方法让父母把注意力集中在他身上、关注他的行为。因此,你需要去理解他的想法,把"大孩子"和一些很酷的事情联系起来,比如："只有大孩子才可以说话、吃冰激凌、看大男孩可以看的书、在操场爬上高高的梯子。"

和宝宝说话时,确定大孩子也能够听到你说的："当你长到哥哥那么大的时候,你就能做了,但现在是绝对不行的！"和他一起商量跟宝宝有关的事情："我们今天给她穿什么衣服呢？""我们现在应该先给她换尿布,还是先抱抱她呢？""你觉得她想要说什么呢？"让他做一些大孩子才能够做的,但又和照顾小孩子没有关系的家务事。"你现在是大孩子了,也很厉害,独立又成熟,我们决定给你分派大孩子才能够做的工作——负责从邮箱里取出我们的邮件。"也可以负责把全家人的杯子拿到桌子上,或者在你出门的时候关上所有的灯。晚上,当你带他上床睡觉的时候,可以像他还是个宝宝的时候那样给他挠痒痒,像给宝宝盖被子一样给他盖被子,和他玩躲猫猫的游戏——因为他永远都是你的宝宝。

— 16 —

争吵也是件好事

如果你问我或者问你自己,你对二十年后的孩子有什么期望,你会发现有一个真诚的愿望一定会跻身前十,那就是希望他们能够与兄弟姐妹保持良好的关系,他们能够依靠彼此,周末时带着自己的家人一起见见面,知道尽管他们各不相同,但童年时期联系他们的纽带会一直将他们紧紧连在一起。那么,他们到底为什么总是吵架呢?我们又做错了什么呢?

伴随着第二个孩子的出生,新的现实问题也产生了:孩子们之间的关系。从此以后,我们需要处理大孩子、小孩子,以及他们之间的关系。他们通过每天共同相处的时光——坐在浴缸里,一起开怀大笑,或者只是并排坐在一起吃饭——慢慢培养关系,给我们的生活带来无与伦比的欢乐。看着他们,我们会有一种成就感。但是,当他们吵架的时候呢?我们会立马行动,尽我们所能地分开、斥责、惩罚他们,冲他们大喊,提出创造性的解决方法("为什么你们不轮流来呢?""这样,现在你先让她玩,过一会儿她再让你玩。"），或者告诉他们我们对他们特别失望。但这些做法其实没有起到任何作用。那么，我们来看看下面这些值得记住的解决方法吧。

你并不真正知道他们为什么吵架

晚上，我和丈夫吵了一架，原因是他没有洗盘子。我提高嗓门，甚至说出一些难听的话，其实我并不是真的因为盘子的事和他吵，而是因为在我心中有一个想象的备忘录，上面记着他忘记了我们的纪念日，没接电话，前天没有对我说"我爱你"，在超市买了我不喜欢的牌子的奶油干酪。如果此时有第三个人介入，想要评判这场争执，他永远不会知道这个备忘录上记载的内容。你孩子的心里也会有一个小小的备忘录，你可以肯定的是，上面以他们自己都无法辨认的笔迹记录了很多事情。而在兄弟姐妹的部分，你可能会找到这样的说法："我的哥哥/弟弟很容易就得到了""我讨厌姐姐/妹妹一进房间就能吸引所有人的注意力""从他出生那天起，他就总能让妈妈笑起来"或者"为什么每个人都说他长得像爸爸（而我不像）呢？"。这一笔笔的账，以及成为爸爸妈妈眼中那个唯一、特别的孩子的愿望——当孩子们争吵的时候，他们内心深处的这些欲望就都会显现出来，可通常他们自己并没有意识到。而我们自认为非常了解每一个孩子，却忽视了第三种问题——他们之间的关系，我们通常只会粗暴地进行干预，但不去了解事物的全貌。

你并不知道到底是谁的错

我们中有很多人都会陷入这样的误区:"你大,得让着小的"或者"为什么你总打人呢?"。不要急于给孩子贴标签,也绝对不要告诉他们,他们身上有指定的标签。毕竟,那个看起来楚楚可怜的小家伙本可以用他的两条小腿摆脱掉威胁他的姐姐,但他还是选择继续打架,然后叫你来解决问题。

当你听到他们大喊"妈——妈!"的时候,最好的做法就是待在另一间房里,然后喊回去:"我在厨房呢,谁需要什么的话,欢迎来这里找我。"其实,他们一般不会过去。这个做法不是让你不理他们,和他们说"我想你们是不给彼此留活路了",而是要放开手,表明你对他们和他们之间的良好关系有信心,你知道他们会打起来,但是没关系,因为他们也知道怎样和好如初。"我不会参与其中,我不会做裁判,我不会走进房间,然后问'刚刚发生什么了?'。如果他们感觉到被侮辱,需要些许安慰,我很愿意给他们一个亲吻和拥抱。我就在那里,但我不会硬把话题带到'跟他说'和'这是她的错'上,因为我很可能不知道究竟发生了什么,事情是怎么发生的,以及到底是谁的错。"

在他们安静下来的时候向他们传递信息

当他们打架、喊叫、大哭的时候,不要用失望的表情看着他们,不要认为自己失败了,不要和他们发火,因为打架也是件好事。你只需要让自己成为那块海绵,成为他们打架时可以保护他们安全的容器,如果事情真的演化为暴力(爸爸妈妈们,轻推或轻拉一下并不算是暴力），你可以立即叫停。你不要去评判他们，只要告诉他们，如果他们还想继续打架，那么不许扔东西或抓头发。当你说这些话的时候，一定要对他们两个人说，即便你知道是谁先动的手，也要对他们一视同仁。

不必要求他们道歉

当孩子们和好如初时，他们不需要说对不起。他们只是重新在一起玩了，而且如果我们不干涉的话，他们可能会更快地和好。所以，不要再让孩子说"对不起"以及"你接受他的道歉吗？"这样的话。这没必要。当他们重新玩在一起的时候，你可以走过去和他们说："我特别开心你们懂得怎样去原谅对方。你们做得非常好，是关系好的兄弟姐妹。"

— 17 —

"我爱你,但我也讨厌你"

九岁女儿的生日餐桌是由她的兄弟姐妹在她睡觉后准备的。他们吹好气球,铺开漂亮的桌布,把礼物摆放在桌子中央。每个孩子都根据自己的能力、按照自己的方式提供帮助:十七岁的孩子把生日用品拿进屋,十五岁的孩子往气球里面打气,十二岁的孩子装饰餐桌,而四岁的孩子边睡觉边想要送上什么样的生日祝福。我看着他们正忙着准备我之前在家庭生活中灌输的生日仪式,想着对他们来说,为其他人做些事情多么轻松,而培养出能够看着其他人在聚光灯下闪耀、还能感到自己帮助了别人、发挥了作用的孩子是多么重要。可能是因为大家都期待着早上的蛋糕,可能是因为每个兄弟姐妹都期待着给过生日的男孩或女孩送上祝福,也可能是因为他们知道,总有那么一天,桌子上会摆放着只为他们准备的特别礼物。

第二天,吹完蜡烛后,我们一家人一起跳了舞,就在送上生日祝福之前,四岁的孩子还发了脾气。大孩子已经学会如何送上特别的生日祝福:他们先夸赞过生日女孩具有的优秀品质,然后说他们之间的关系或是他们喜欢和她一起做的事情,最后用来年的愿望做总结（一般是他们对自己的祝愿）。当轮到老幺时，她说道："罗娜，我爱你，但我也讨厌你。"

负面情绪是我们每天产生的各种情绪中不可分割的一部分。正如我们能感觉到开心、愉悦和满足，我们也能感觉到愤怒、嫉妒和怨恨。随着孩子慢慢长大，我们更应该意识到，"不让她受伤、难过、被冒犯、经历失败或心碎"的想法是误导人的。作为父母，我们应该坚持这个美好的希望，但同时，我们也要让孩子学会处理在生活中，特别是在家庭环境中，所遇到的各种负面情绪。

家是我们理解的这个世界上一切事物的缩影。在家中，我们能够潜移默化地了解什么是男人、父亲、女人、母亲和人际关系；爱是什么感觉；被拒绝是什么感觉；和大家一起或是独自一人意味着什么；我是谁，他们又是谁。我们作为人类的主体性就源于这短短几年中经历的学习、失败、成功，还有最重要的对人际关系的体验。在这些纯真岁月中，在我们与原生家庭相处的短暂时间里，我们依存于生活能够给予我们的最重要的供给：和不会离我们而去的人建立的亲密关系。

良好的家庭关系的优势在于，它不会给孩子带来被抛弃的感觉，因此它能够为孩子建设最有效的训练场地。孩子能够从与跟自己平等的兄弟姐妹的关系中学到如何协商，了解弱小与强大、开心与不开心、吵架与和好之间的差别，并从中学到如何妥协、如何与其他人生活在一起。家庭所传达的最重要的讯息是，无论是好是坏，我们都会坚持一起生活，营造一个愉快的环境，而且同样重要的是，当事情不是那么令人愉快的时候，我们也不会感到害怕。

当和我们在一起时，如果孩子在产生了负面情绪后能够懂得如何克制这些情绪，将其视为生活的一部分，那么当他们闯荡世界时，也不会因感到挫败、生气或是伤心而崩溃。我们能够给予他们人类赖以生存的最伟大的礼物，那就是建立一段亲密关系的能力，这样当他们第一次对伴侣产生消极想法时就不会被吓坏；当他们在竞争激烈的环境中工作时，就不会觉得别人的成功是以牺牲自己为代价的；就算亲密的朋友让自己失望了，他们也能挺过去，和朋友聊聊这件事；他们能够控制痛苦和失望的情绪，而不会感觉到仿佛世界末日降临，也不会产生受害者情结，让世界为他们悲惨的命运负责。所以，为什么当他们不开心的时候，我们要那么担心呢？为什么我们要这么急于帮他们解决问题、消除失望呢？为什么当他们产生的情绪能够让他们为生活做好准备，让他们变得更强大，让他们具备幸福生活所需的重要能力时，我们要感到这么痛苦呢？

也许兄弟姐妹的出现正是为了弥补我们在这个方面能力的欠缺。与彼此相处时，他们会遭遇世界带给他们的各种各样的负面情绪，而我们的任务是不要去妨碍他们。我们只需要在一旁观察他们，感激拥有这样的训练场地，即便有些时候这个场地像是战场。当他们突然有了不同的表现时，我们应该去问问他们是如何成功克服自己的嫉妒、怨恨和愤怒的，然后告诉他们，虽然他们产生了烦恼的感觉，但依然成功渡过了难关，找到了通往幸福和快乐的路，找到了解决方法，这说明他们拥有强大的能力。

当他们对其他孩子产生负面情绪时，我们不要急着让他们感觉这是不对的。但是，我们要敢于告诉孩子这些情绪是什么："你现在很生气。我理解你为什么难过，因为你也想要这样的鞋子/举办这样的聚会/拥有这样的性格，你觉得嫉妒。其实，我也会嫉妒我的弟弟，他甚至不用学习就能在学校表现很好，而我必须认真地做作业，因为我知道我没法像他那样轻松完成。"如果我们告诉他们，就算是我们成年人，有时候也会产生这样的情绪，也要尽力摆脱这些情绪，那么我们就能够训练他们，让他们懂得自己的感受是什么，并把这种感受表达出来，承认这些情绪不会让人愉快，但没关系。他们会更加了解自己，就算自己没达到最佳状态，也依然爱自己，或许等他们长大后，也会爱上处于非最佳状态的其他人。这些都是人类的情绪，我们无须投入过多精力去抹除、模糊它们。

只有我们不慌不忙，他们才会知道即便他们心中产生了激烈的情绪，他们仍旧掌控着自己的生活，可以选择这些情绪为他们带来多大的影响。他们也会接受这样的事实：对他人和自己表露负面情绪可能带来不愉快，但它们是生活的一部分，而由于他们拥有控制这些情绪又不惊慌失措的能力，他们也会知道为了克服这些情绪需要怎么做。

我们在面对最亲近的人时，有充分的理由产生最强烈的负面情绪。如果一位母亲能够接受她在孩子身上所感受到的负面情绪，那么她会是一位优秀的母亲。但为了做到这一点，我们必须认识到这样的事实：我们并不完美，如果孩子不理解自己此刻的不快乐，那么我们也无法真正让他们快乐起来。

想想你认识的那些成年人。想想有些人，一旦有人惹他们生气，他们就会攻击别人。当有人惹他们生气的时候，他们无法控制自己的情绪，然后就会用一种最无效、最疏远的方式来保护自己，也就是攻击。想想有些人，一旦受到侮辱，就立刻给侮辱他们的人贴上刻薄或恶毒的标签，或是马上将这个人从生活中抹去，断绝与他的所有联系。想想有些人，他们无法维持稳定的关系，因为每当他们觉得热恋的感觉消逝，产生了其他情绪时，他们就会错误地认为他们必须继续寻找那个能给他们带来纯粹幸福和快乐的人。想想有些人，每当老板对他们不满意，或是他们感到这份工作缺少快乐、强烈的感觉时，他们都会辞职，然后把原因归咎于无人赏识或是选错了职业。想想有些人，他们不会去表达自己对其他人的不快情绪，这让他们把其他人拒之门外，因为他们觉得没人能够理解或包容他们的情绪。想想所有这些不快乐的人，你认识的那些自怨自艾、愤怒怨恨的人。很可能在遥远的过去，当他们感觉到难过的时候，没有人告诉他们没关系；当他们表达出自己的负面情绪时，没有人让他们感觉到自己是被爱着的；当他们宣泄出自己有缺陷的情感时，没有人让他们感觉到完整。尽管（或许是由于）他们对一个人产生了厌恶的情绪，但也没有人告诉他们，他们还是可以同时爱着这个人的。

— 18 —

不同寻常的祝福

3月7日,在6号产房,刚刚经历了十八小时的死产后,我第一次意识到幸运对一个人来说是多么重要。"从现在开始,每当我做祷告的时候,我都要祈求好运。"我心想,仿佛获得了真正的顿悟,突然就对这个愿望有了更深刻的理解。

孩子生日的那天既是我们自己的好运纪念日,也是我们庆祝过生日的孩子拥有好运的日子。每年的这一天,都是孩子们翘首以盼的日子。生日那天,他们会参加各种各样的生日活动,收到有趣的礼物,听到生日歌,在充气乐园里尽情地玩耍,而且在幼儿园、课后日托班、芭蕾舞课或是柔道课上,大家会为他们举办生日会。而对你来说,这一切都意味着筋疲力尽,那一长串要做的家务琐事让你无法感受到真正的快乐。

孩子生日的早晨应该是对你来说最重要的时候,如果一天像上面那样过,它会变成对孩子来说最重要的事情。那一天不仅是孩子出生的日子,也是你成为父亲或母亲的日子,是你永远值得庆祝的日子(顺便说一下,这和是我们的第一个孩子还是第四个孩子没有什么关系，因为每个孩子都会让我们变成不一样的父母）。那天早晨，我们可以用不到十五分钟的时间来向孩子讲述他们出生时的故事（不要把重点放在硬膜外麻醉或是分娩的痛苦上，而是要放在我们当时向往和想象中的他们是什么样的，当我们得知他们的到来时是多么欣喜若狂上）。然后，举办一个简短的庆祝仪式，让其他人（包括兄弟姐妹）都为过生日的孩子送上生日祝福。我们可以加入他们，全家人拥抱在一起，听过生日的孩子许下小小的愿望。我们也可以送他们礼物，但随着他们渐渐长大，让他们铭记在心的会是家庭给予他们的爱与支持。

孩子从很小的时候就知道怎样与其他人交流，但这并不意味着他们理解生日的意义，纵然你向他们解释过。为他们操办一场喧嚣、热闹的生日庆祝会并不能帮助他们明确生日的意义。从孩子四岁左右开始，你就可以和他们坐在一起，询问他们想要怎样庆祝自己的生日。当孩子还小的时候，你可以引导他们想象这个过程：生日庆祝会是什么样的？想要邀请哪些人来？想要在哪里庆祝？我们要准备什么？提前想好你要给他们哪些选项，这样你就不用费心在网上搜索紫色的小马了，因为这是你说话时他们脑海中想到的。

但是，请倾听孩子的声音：如果他害羞，那么他可能不喜欢有很多客人的聚会；如果她对喧闹或者人多的地方敏感，那么可以让她和亲近的家人一起做些有趣的事情；如果他有陌生人焦虑，那么你可以考虑自己组织活动，不要让专业人士参与进来。

虽然你想以最快的速度、最高的效率完成这件事，但还是要让孩子和你一起完成。如果孩子能够主动帮忙操办自己的生日聚会，比如说装饰蛋糕、给气球充气或者准备惊喜礼盒，那她会获得一种掌控感，不再那么焦虑。最困难的时候莫过于等待客人来的那段时间，所以最好的办法是让她在那段时间有事情可做，你可以就折叠桌放在哪里征求她的意见，或者让她在碗里装满零食。

无论是在身体上还是在心理上，即便一切都已准备妥当，也还是会出现孩子觉得难以承受的时刻，他可能会哭或者发脾气。这可能是因为他在开始之前过于兴奋，或许是半小时过后他玩够了，又或许只是因为他年纪太小了。不要因此对自己或是对他感到心烦，也不要试着提醒他你和他事先达成的那些约定。你需要的是理解他，抱抱他，甚至在他耳边悄悄地对他说："大家什么时候会走呢？"最重要的是，提醒他，也提醒你自己在他出生的那一刻，你是多么渴望听到他的哭声。用开玩笑的方式告诉他，他可以在每次过生日时都哭一会儿，因为这是庆祝的一个重要部分。

不要感到惊慌失措！我常常想要做一种简单的数字形蛋糕（实际上，数字3或者4是最难做出来的），上面撒上糖霜和没什么味道却会塞牙的彩糖。一根蜡烛、一个大泡芙、一首生日歌，就足够了。我并不是不会做翻糖蛋糕，只是我不那么喜欢参与到"最富有想象力的蛋糕比赛"中，不那么喜欢"如果我做出上面有艾莎和凯蒂猫的三层蛋糕，我就是更好的妈妈"的感觉。让孩子自己装饰蛋糕才会有更多乐趣，而且蜡烛才是真正重要的东西。

在生日蛋糕上插蜡烛是一种源于古希腊的古老习俗，蛋糕代表着月亮，而蜡烛代表着月亮的光芒。如果孩子在心中许下愿望，然后吹灭蜡烛的话，随着蜡烛的烟飘向空中，孩子许下的愿望也会实现。告诉孩子，她就是你已经实现了的愿望，这些年每当你吹灭生日蜡烛时，她都会出现在你的愿望里，随着蜡烛的烟向上飘去，你的愿望也的确实现了。在她吹灭自己的蜡烛之前，闭上眼睛许愿时，静静地看着她，你会看到你的愿望正在许下她的愿望。

19

被忽视的孩子

那天,我正在手机上找一张照片,然后开始翻看起我给孩子们拍的很多照片,有些是在操场上拍的,有些是在泳池里拍的,还有些是在拥有五个孩子的家庭举行的各种各样的夏季活动中拍的。照片中,最小的孩子总是冲在最前面,把她的哥哥姐姐落在后面。过去三年,每当我点击屏幕时,这个总是黏着我吃奶的孩子永远是这些可爱的照片中出镜率最高的一个,我的手机锁屏也是一样。而另外三个孩子紧随其后。突然,我发现其中一个孩子——老二并没有出现在这些照片中。

照片中没有老二的原因并不是他拒绝拍照,也不是他那个时候不怎么上相。他未曾缺席我们的家庭外出活动。没有他的照片是因为他在照片中总是模糊不清的,我没有将焦点对准过他。他并不引人注意,其他孩子抢占了他的位置。可他不会小题大做,总是好好地待在那里。他没有被拍到,是因为我根本没有看到他。

我继续翻着这些照片,脑海中突然蹦出这样的想法,我们为什么会让他在过去一个月里过得如此艰难:他一直在努力让我们看到他的存在，对一个小孩子来说，这是一项艰巨的任务。他本可以将自己的精力投入很多积极的事情上，却要听我们从早到晚谈天说地、喋喋不休，他对此难以忍受。对一个有洞察力的孩子来说，即便你喂他吃东西，给他买衣服、读故事，问他今天过得怎么样，他还是会意识到，他在你的照片中是出镜率最低的，也会百般努力，成为你的手机锁屏。

孩子需要有被看到的感觉，他需要知道一直有人看见他的存在。看到他的伤心或是成功，看到他现在过得艰难还是轻松，看到他的沉默不语或夸夸其谈，看到他嘴角、眼睛、语调上的细微变化，看到他的意图、梦想和恐惧。而且，要你看到他并不是说你要满足他的所有需求。只是看到，让他体验到一种存在感和归属感，感觉到自己是被爱着的、是能够被看到的就可以，这对提升孩子的体验感和自我价值感很重要。在成长的过程中得到充分关注，没有受到指责和批判，没有经历竞争与对比，这样的孩子长大后也会用积极的眼光看待自己和他人，懂得为他人留出空间。

问题是，家长看孩子时偶尔有些过于明确和批判：她发育得不够快，他看起来不够帅，他朋友不够多，她没有好好学习，她取笑了兄弟们，他讲话不礼貌，他吃得太多了，他吃得太少了，她很懒惰，她不主动做事。有时，我们的视线是模糊的，看不到隐藏起来或是显而易见的部分；有时，我们的目光充满了担心，生怕出问题，有时又充满了恐惧。我们需要戴上眼镜，稍微改变我们看事情的角度，过滤掉那些不必要的事情，不再或是减少用批判的眼光看孩子，特别是要把自己的注意力集中在真正重要的事情上。就像是在阳光很强的时候，我们会戴上太阳镜，这样我们就能更轻松地看东西。

阻碍我们看到孩子的困难之一就是我们总是戴着两副眼镜看他们：一副眼镜是我们用来审视自己的，评判、处理我们生活中的现实问题；另一副眼镜是我们成为父母的那天戴上的。我们幻想着想要什么样的孩子，他们的长相和举止如何，他们会擅长什么，我们和他们的关系会是什么样的，我们会成为什么样的父母。你戴着两副叠加在一起的眼镜，一定是看不清东西的。

那么，我们怎样才能从稍微不同的角度，最重要的是，从更加赞赏的角度更加清楚地看孩子呢？的确，因为我们特别擅于看到孩子身上缺少的东西，我们认为这是我们的职责所在，但只有戴上使用治愈镜片的眼镜，我们才能真正看到发生的事情。所以，当孩子在其他房间里打喷嚏时，你可以大声地说："上帝保佑你，亲爱的！"或者当你的女儿忙着做事时，你可以说："我看到你在画画呢，你现在沉醉其中。"当孩子记得把一本作业本装入书包时，即便他忘记了其他七本，你也可以说："我看到你记得拿文学课的作业本，这是有责任心的表现。"如果那个令你操心的处于青春期的孩子终于能够自己按时起床了，你可以说："我看到你按时起床了，今天早上我们不用为这件事争吵，真是太棒了。"

关注"别人家的孩子"，也就是觉得"我们真的太差了""为什么我们的'小草'不如别人家的绿？"，会让我们戴上一副特别危险的眼镜，记住这一点特别重要。"为什么别人的孩子都能安静地坐在婴儿车里，让他们的妈妈可以喝咖啡，而我的小家伙却在大喊大叫？""为什么别人的女儿都那么苗条，而我家姑娘看起来是她们的两倍？""为什么其他男孩都出去玩了，我们的儿子却和我们一起赖在家里？""为什么其他孩子都去参加活动了，她却一直坐在我的腿上？"我们必须承认：这种"聚焦"出于自怜心理，最终会转变成焦虑，导致我们变得易怒和具有攻击性，发泄在我们的孩子身上。毫无疑问，这样做的出发点是好的——把你的孩子变成邻居的孩子那样：变得更绿、更强壮、更好看、更有礼貌、更善于交际。但这起不到任何作用，并不是因为别人的草永远比你的绿，而是因为你坚持戴一副给你制造假象的眼镜。

当把镜头推远时，你会更全面地认识事物：安静地坐在婴儿车里的孩子可能在做其他事情时有困难，下午一直在上课的女孩可能无法决定自己的职业，邻居家长得好看的男孩可能有严重的学习障碍，那个能整夜熟睡的孩子可能在八年级的时候被孤立。这并不是因为因果循环，最终一切都会平衡，而是因为整体大于各部分之和，每个人，包括每个孩子都会有自身的优点和缺点，谁说通过资格考试的方法只有一个呢？

对孩子来说，最难过的事莫过于无法通过父母给他设定的资格考试，看到父亲总是羡慕地看着邻居家的儿子，听到妈妈总是抱怨他除了玩乐高什么都不会。不合理的高期望会给孩子的自我形象带来破坏性的影响。所以，仔细地看看自己的孩子吧，即使这不容易，要知道现在只是人生时间轴上的一小部分，而且是孩子们的人生。

20

孩子总是开心不起来

"为什么你总是不开心呢？为什么每个快乐的日子最终都会以被剥夺感结束？我怎么培养出了这么一个女儿呢？看重的都是些不完美的、无法解决的或是不顺心的事情？这是不懂感恩的表现。而且最糟糕的事情是，你的生活会变得非常艰难。因为如果在现在一切都还相对简单的时候，你就已经无法看到好的一面了，那么当你真的遭受生活的打击时，会发生什么呢？如果你一直以这样消极的态度，把眼前小小的洞看作深渊，你怎么能从深渊里爬出来呢？你会变成什么样呢？！"

又是一个平常的日子，我站在她面前，在心里说了这些话，但嘴上还是只字未提。我克制住自己的情绪，但心中却愤怒不已，甚至有一种强烈的冲动，想要把我所有的沮丧向她一吐为快。我的家中怎么会养出一个悲观的孩子呢？一个时刻有被剥夺感、无法拥有一丝丝乐观情绪的孩子？如果我能纠正她的错误想法，如果我能与她分享我所有的恐惧，那么她可能会明白自己错过了多少愉快的时光，明白她得学会不再关注自己缺少的东西。

但是，一个令我特别难过的想法涌上心头：此时此刻，在我有了这些想法和恐惧时，我自己也正在关注自己缺少的东西。我也和她一样，对不想接受的现实做出回应。她不想接受的现实是：她找不到耳机，在家中四处转悠，大喊自己的生活一团糟。我不想接受的现实是，看到她的表现心里想："我的孩子把一切弄得一团糟，我需要纠正她，需要关注她，让她听到我的想法，这样她就能理解了。"所以，我和她一样，也在关注着行不通的事情。我也有被剥夺的感觉，有不满的想法，很难乐观地看待问题。那么，我怎么能真正教会她呢？我怎么能为她创造一些其他的东西呢？

为人父母的过程中，最令人感到痛苦不堪的事情之一莫过于我们教给孩子的与我们想要教会他们的完全相反，当然，我们的出发点是好的。我们做出的反应本应该消除错误机制，结果却加强了孩子对这种错误的理解。

我们的孩子在每天的生活中都会有很多积极和愉快的经历，但他们也会遇到很多情况，心中的愿望就像希腊酒馆里的最后一个瓷盘一样，狠狠撞在生活的墙上。作为父母，我们要明白孩子的愿望不可能一直得到满足，而为了建立一个愤怒和危机控制体系，他们不可避免地需要面对愤怒和危机。我们还要知道，随着他们越来越成熟，他们遭受的危机也会越来越巨大。一个五岁的孩子可能会因为在美好一天的最后时刻没有得到她想要的口香糖而崩溃。试想一下在你下班前，和朋友一起喝了杯咖啡，中午小憩了一会儿，在一家不错的餐馆吃了饭，可就在这一天即将过去的时候，你却发现有人闯入了你家。此时，你还能够用无限乐观的态度去处理这一危机，同时保留你在这美好一天里的积极感受吗？所以，我们也不能指望孩子在经历崩溃的时候能够停下来，控制住自己愤怒的情绪，然后对你说:"妈妈,其实我这一整天都过得特别开心,所以我现在选择不难过,甚至还要感谢你这一天为了让我开心所做的一切努力。"

我们为何如此确信他们在遇到事情时的做法是因为他们被惯坏了、不懂得感恩?更糟糕的是,我们为何要告诉他们我们的想法?父母让他们改善下次应对失望的方式时,他们能够做什么呢?毕竟,他们可能会这样想:"如果爸爸妈妈告诉我,我不会用乐观的心态看问题,他们可能是对的,我可能是不懂得感恩,不懂得解决问题,或者是我小题大做了。所以我就是这样认识自己的,这就是我。"他们由此丧失了应对的能力。

在家庭中产生最大剥夺感的孩子常常是从父母那儿获得最多的孩子。这意味着,剥夺机制(deprivation mechanism)在她这儿运作良好,成功占据了最多的家庭资源。"如果我们给她足够多,她会说够了或者感觉够了。如果我们不断给予而她还是不满足,我们会数落她,和她解释为什么她总是不满足。"这就是我们从两个方向巩固这一机制的方式。

事实上,我们应该感激孩子在生活中遇到的各种情况。如果他们感到不开心,我们应该感到一丝喜悦,因为这代表他们正在处理一个复杂的任务,直面困难,感受困难,然后应对困难,获得按重要性标记困难的能力。他们甚至可能认清这样的事实:即便有这样那样的困难,生活还是很美好的。所以我们应该怎样帮助他们呢?

◎当他们正在经历沮丧时,不要期待他们会感到满足,或者能够感激之前发生过的所有美好的事情。

◎理解他们遇到的困难,但不要以一种居高临下的方式。记住，当他们感到被理解时，他们的焦虑程度就会降低，这样他们就会有更多情感上的应对方式。你只需要对他们表示理解，不要说"只是口香糖而已"这样的话，不要批评他们，不要把注意力放在你自己身上，责怪他们正在破坏你的一天。

◎不要给他们提供解决方法。如果我们只是为了避免他们受到挫折、保证他们有完美的体验就给他们提供解决方法，帮助他们扫清障碍，满足他们的愿望，那么我们是在强化剥夺机制。出于本能，我们想为他们创造积极的体验，但我们会在某一时刻有种过度给予的感觉。此时，我们必须让生活来解决这一切，因为即便我们真的回头收集不小心落在后面的东西，或是一路驱车去专门卖彩虹色棒冰的商店，还是会出现其他令人沮丧的站点。为什么呢？因为你很难放弃美好的一天，在一系列积极的体验后，你很难回到最开始的样子。当你的内心深知快乐就要接近尾声，一天就要告一段落，冰激凌已经吃完，而你必须和这一切美好说再见、回家洗澡、上床睡觉的时候，你虽一身疲惫却很难感到满足。

◎树立正面榜样。如果父母能够认识到并理解困难，同时不被困难击倒，还能够对他自己和他崩溃的孩子说："我们没找到你想要的那种棒冰真的让人失望。我知道这有多么讨厌。我特别庆幸今天能和你度过美好的一天。就算你不开心，我也依然爱你。我现在正在回想一小时前我们有多么开心，这样能让我感觉好一些。"这样做能够为孩子树立榜样，从而培养出乐观的孩子。当他们感到开心，而且经常能够开心时，花十秒钟让他们知道自己是多么快乐的人，是制造快乐的专家，告诉他们这就叫乐观，而乐观的人是非常非常强大的，因为就算发生不开心的事情，乐观的人也知道如何保持开心，这才是真正的强大。当你的生活不顺心的时候，请记住，这是他们以观众的身份观察生活的绝佳机会，他们会发现每个人身上都会发生这样的事情，这是再正常不过的了。把他们叫过来，让他们帮你开心起来，帮你渡过难关。他们会提醒你回想一些开心的事情，学习如何鼓励别人，你会被他们在愤怒、沮丧和悲伤中寻找快乐的能力所感动。

学会如何控制愤怒需要一定的时间。对你来说，熟悉在困难时期振作起来、找寻快乐的内在机制需要多年的努力。我们的职责是观察孩子采取什么办法去应对困难，而不是把自己搞糊涂，或是用沮丧、消极的话让他们感到困惑。当他们躺在床上，顺从地接受一天的结束时，你可以在他们耳边轻轻告诉他们至少三件这一天你与他们一起经历的美好的事情。你不需要责骂或威胁他们，不需要和他们进行激励性的对话，或是给他们上一堂什么是乐观的孩子的教育课，你只需要让自己变得乐观就够了。

— 21 —

与孩子的约定：小字条款[①]

那年暑假我是在海法度过的，我和一个朋友，还有两个七岁大的女孩一起在沙盘里面玩，那是我不需要大人陪着的时候。当我们离开沙盘，朝秋千走去时，我发现我妈妈的结婚戒指不见了。它一定是从我细小的手指上滑到了沙子里面，仿佛在嘲讽我两小时前对自己做出的承诺："看管好它，不要戴着它出门，把它放在妈妈床边的木质床头柜上。要明白这枚戒指对她的重要性，谨慎对待。"

但我违背了自己的承诺，当时的我，一个二年级的孩子，跪在沙盘里面，把我的拳头当作小铲子，整整找了四小时。我的心脏怦怦跳着，下巴也颤抖着，可这些沙粒就是拒绝配合。最后，我的朋友回家了，我也得回家向妈妈解释我弄丢了她结婚戒指的事情。

我们希望自己培养的孩子能够懂得遵守承诺、履行约定，但每天又有多少次我们和孩子达成的约定最后都破裂了呢？这通常从我们说"不"开始，紧接着就是令人筋疲力尽又坚决的谈判。然

[①] 指协议或法律文件中易被忽略但重要的小号字附加条款。——译者注

后，我们好像突然就忘了最开始说"不"的原因，提出了看似巧妙的解决办法："如果你答应我明天一颗糖也不要的话，我现在会再给你一颗糖。""如果你承诺明天自己准时起床，你现在就能看电视。"就在这周，我无意间听到一位母亲在操场上和她儿子达成了这样的约定：她允许他爬上高墙，但他必须保证不摔下来。

一个四岁的孩子真的能够做出有关未来的承诺吗？特别是这个承诺在未来的某个时刻是以牺牲他自己的需求为代价的。如果他没能履行约定，一个在某个特殊时刻他愿意卖了自己的爸爸妈妈以换取另外一颗糖果的约定，对他来说意味着什么呢？如果每当我们不满意的时候，都愿意改变裁决，来换取一个能让我们享受五分钟平和与安静的约定，那这对我们家长、对我们设定的界限来说又意味着什么呢？如果我们想教会孩子约定是重要的、宝贵的，那么我们如何能够避免掉入经典圈套，即让他们得出"我们无法指望他们"这种结论呢？

与孩子达成约定的意义在于，当遇到界限时（比如吃甜食、屏幕使用时间、玩乐时间、日程安排等），父母能够给孩子一些特殊待遇，而作为交换，孩子也要做出承诺，这在原则上也是她表示妥协的信号。父母要给予孩子独立性，而孩子要具备责任感。这是父母和孩子之间冲突的核心，而当孩子处于青春期时，这种冲突最为强烈。青春期的孩子要求独立，却很难表现出责任感，而父母要求孩子具备责任感，却很难给予他们独立。

在孩子进入青春期之前，他们会先经历一段幼年时期，我们在处理这个时期的问题时，要小心不去挫伤他们脆弱的部分。孩子对过去、现在和未来没有抽象性的理解，所以他们并没有真正达成约定的能力。如果在紧要关头出现了糖果、礼物、屏幕或其他能够让他们快乐的东西,他们就会用约定的语言与我们沟通,但在情感上他们是无法做到的。我们必须兑现对他们的承诺,因为我们约定好了;我们不能发火,只能提醒他们这是我们的约定。

因为我们想要让他们拥有履行约定的能力,所以我们得了解孩子必须具备什么样的技能才能做到这一点,比如:负责任、懂得如何约束自己、妥协、延迟满足、能够共情,以及其他品质。在确定你的孩子拥有所有这些能力之前,你必须先扪心自问,你对他们履行约定的期待是不是有些不现实。如果一个孩子愿意履行同时会剥夺他某些特别权利的约定,他需要知道他拥有一切必要的品质,他需要很多正强化,也需要清晰地认识这一切都是值得的。每当你看到他表现出这些品质时,你都得告诉他他多么负责任,他抵抗诱惑的能力有多强,以及你有多信任他。试想如果孩子很少听到别人说信任他,这会对他的自信有多么大的影响。

当然,没有比树立榜样更好的做法了:与其向孩子解释,不如让他们看到实际行动。可以从只需要你付出一些代价的幼稚约定开始。比如说,和他们约定你会带他们去游泳池,回家时给他们一个惊喜,或者承诺不会太晚回家。和他们握手以示约定达成,就像他们也在信守承诺一样。然后,你要履行你们的约定。在去游泳池的路上,告诉他们,幸好你们做出了约定,因为虽然你不是很想去游泳池,但多亏之前的约定,你们现在才在去游泳池的路上。向他们传递这样的事实,虽然有时候履行约定会让自己不那么方便,但它是件很有趣的事情,因为履行承诺有自己独特的价值,而这种价值往往比方便或快乐更重要。

当你觉得孩子已经准备好实践的时候,让他尝试做出一个有着类似结果的约定。比如:"我会让你看完这个节目,但节目结束后，我们要洗个澡。"然后，当他抗议、哭泣、恼火或者想要达成新的约定时，直接带他去洗澡。不要生气，也不要说"我们不能信任你了"。你只需要理解他的感受，果断地帮他洗澡。你给他洗完澡之后——即便过程不是很愉快，用浴巾把他包裹起来，然后轻声对他说，他履行了自己的约定，让你给他洗澡，这真的是太棒了。

每当你确定孩子现在做出承诺只是因为特别想要一样东西，但明天或是一周之后，当你来要求他履行约定的时候，他并不会真正遵守约定时（这主要是因为年幼的孩子缺乏对抽象事物的认知能力，对他们来说，当下才是最重要的），你只需要想想你是不是真的愿意给没有钱的人提供贷款。在对你重要的地方坚守界限，而在不那么重要的地方做出让步。请记住，当我们的小家伙握手同意的时候，他们是真的愿意履行约定而且完全打算这么做的，就好像是我们对自己说"明天我要开始那种饮食法"或者"下次他们早上耽搁太久的话，我不会再生气了"。正如我们不能永远履行自己做的承诺一样，他们也不能，这是人之常情。

22

天哪，一年级！

一封写着那个六岁孩子名字的信寄到了家中。这是一封特殊的信，此刻正待在邮箱里，混在一堆普通的邮件中间。它是一封给一年级学生的邀请函，邀请孩子与新老师见面。信上粘着一块太妃糖，妈妈激动地大声朗读信的内容。大家坐在餐桌旁，他的腿还够不到地面，因为察觉到妈妈异常激动的情绪，他前后晃动着双腿。妈妈身上还带着一丝不太常见的悲伤。她抱了抱他，告诉他他已经长大了，她不敢相信她的第三个孩子就要上学了，而且知道他的老师叫阿罗娜，她很开心，因为这个名字非常可爱，这位老师可能人很好。孩子剥开太妃糖的糖纸，把糖放入口中嚼了起来，糖粘在他的牙齿上，他想着："不知道我在教室里坐着的时候，脚能不能够到地面。"

几个月以后，他穿上好看的新衬衫，背着对他来说特别大的书包，紧紧攥着妈妈的手，走进了学校大门。前一天晚上，父母为他举办了庆祝活动，妈妈用蜂蜜在白色的盘子上写下他的名字，然后他把蜂蜜都舔干净了。爸爸解释说，就像他嘴里香甜的蜂蜜味道一样，未来一年都会是甜蜜的，因为他会学到很多东西。妈妈的手是那么有力，但他知道，妈妈很快会放开手，而他会跟书包、衬衫、新同学和昨晚嘴里留下的香甜味道待在一起。

欢迎来到学校。说不清楚到底是我们还是孩子更兴奋一些，但显然我们和他们所感受到的不是同一种兴奋。我们知道孩子的幼儿园生涯已经结束了，这个小男孩即将踏入一个新世界，而就在两个月前，他才刚刚被允许玩游戏、坐在小椅子上、在一个地方不受限制地活动、看故事书、听歌、在角落玩扮医生的游戏。在这个世界里，他要老老实实地坐在桌子旁边，不能发出噪声，他有很多"必须"做的事情，要服从命令。在这个世界里，他有短暂的课间休息，需要结交新朋友，知道去操场的路应该怎么走，不再对争吵和年龄比他大的孩子感到害怕。这是一个由分数、练习册、铅笔盒和家庭作业构成的新世界。在这个世界里，卫生间在走廊的尽头，那里没有他习惯用的小毛巾，墙也没有刷上好看的颜色。他怎么才能找到那里呢？他怎么才能交到朋友呢？当他在课堂上举手，老师却没有看见时，他会有何反应？当他在书包里找不到需要的书时，当他想念我们时，他又会怎么办呢？

孩子们也很兴奋。他们知道自己的幼儿园生活已经结束了。毕竟，幼儿园为他们举办了告别派对，他们头戴滑稽的帽子，和其他长大了的孩子一起参加，拍照、收卡片，和老师一起拍大合照。几个月来，我们一直在兴奋地和他们谈论这一转变，告诉他们，他们已经长大了。但他们将要经历的是对他们小小的身体来说仍然不熟悉的一切。他们期盼的不是那些熟悉的事物，而是一些不熟悉的事物，它们带来的兴奋感也会是一种负担。他们无法用语言清楚地解释自己的感受，甚至对自己也解释不清，可他们会背上沉重的思想包袱，感到有些害怕。

所以，除了做好物质上的准备，我们还有必要考虑更复杂的情感问题。孩子刚上幼儿园，我们跟他们对话时，总爱反复强调"开心"这个词，恨不得一分钟说四十遍。当我们去参观学校时，我们会说："你在这里会过得很开心的！""看，那里有秋千。多开心呀！""你会学习怎么阅读——一定会特别开心的！""我们会给你买上面印有梅西照片的活页夹。是不是很开心呀？""你会认识很多新朋友。多开心呀！"但之后，当他们从学校回到家，我们问他们"今天过得怎么样？"时，却无法理解为什么他们只会用一个词机械式地、毫无热情地回复我们："开心。"

想要让孩子为这一转变做好准备，我们必须接受这样的事实，那就是生活不会只有开心。通常，我们所担忧的事情只会出现在我们与另一半的深夜谈话中，而在孩子面前，我们戴上了一张面具。当然，你不必和孩子分享你担心他们交不到朋友，担心老师无法应对他们的注意障碍，担心他们需要两年时间才能正确写出字母A。你可以先和他们谈谈你的兴奋，告诉他们你还是个孩子时的感受：一开始，你也感到害怕，学校大楼看起来那么大、那么灰暗，老师并不是一直都面带微笑，有的时候甚至会对那些调皮捣蛋的孩子大吼大叫。告诉他们，你一开始走进长长的走廊、走到操场时也会感到有些害怕，你花费了好长时间才记住班级里所有同学的名字。告诉他们，在开学第一天，你的妈妈或爸爸送你到教室后，老师说"现在所有家长都要离开教室，和爸爸妈妈说再见吧"，你甚至流了几滴眼泪。

你也要告诉他们真正让你开心的事情：学校旅行、老师用搞怪的声音说话、可以去秘书办公室打电话。告诉他们你学到的东西，把字母串联成单词、句子，然后你可以阅读时的兴奋感受。还有大家期盼的下课铃声、学校庆典，一切你能够记住的东西。

当然，物质上的准备也是为情感做准备的绝佳机会。不要忍不住事先就把课本买好，提前两个月就包上书皮，给孩子买特别好看的铅笔盒，把所有东西都装在紫色的名牌书包里。你需要把你的喜好，至少一部分的喜好放在一旁，让孩子参与到整个过程当中，他们会开始对正在发生的一些事情有所感觉。在她自己挑选书包、把贴纸贴在练习册上（可能会贴歪，但没关系，她会想到"嘿，这是我自己贴的"）、将自己的名字写在所有笔记本和练习册上的过程中，她会通过选择、计划、试着去想象她在做这些事时可能会发生什么，来对一切更有掌控感。

通过让孩子参与这个过程，我们给予了他们更多的确定性，在我们与他们一起做一些愉快的事情时，他们会思考，并且毫无压力地把他们的想法分享给我们，这也是这么做特别有成效的原因。所有的笔记本和他们用自己的小手放在铅笔盒中的铅笔都会瞬间变为过渡性客体，代表着来自家中、来自自己、来自他们能够掌控的地方的问候，而当他们处于陌生的新环境中时，这些客体会陪伴着他们。

当孩子要去上大学的时候，再次拿起本书读读这一章，你会克服时光飞逝的感觉，在他们开学前做好你该做的，不向他们承诺未来的生活只有开心。我们和孩子就害怕、困难、担忧、兴奋，当然还有开心等话题的坦诚交流开启了有关所有情绪的内在对话。当孩子有了这样的内在话语，也有了倾诉对象的时候，一切对他们来说也就没那么可怕了。

23

培养孩子的"骨气"

什么是自信？你怎样才能培养出自信的孩子呢？作为父母，我们怎么才能让孩子脚踏实地又增强他们的信心；确信他们了解自己的价值，知道自己擅长什么，相信自己的能力；学会爱自己，同时把爱散播到整个世界，用积极的眼光面对生活，因为一切都很棒？如果有人能把这一切打包好交到他们手上，那岂不是很好？

不知为什么，在他们刚出生的几年里，这看起来是一项再简单不过的任务：我们爱他们，告诉他们，他们是最聪明、最有趣、最漂亮的孩子；用我们的话给他们加油鼓劲。他们相信我们，沐浴在爱与自信中；无论他们走到哪里，阳光都会照射在他们身上。然后，他们踏入了这个世界。在幼儿园里，他们开始承受未来将在他们的成长记忆中打下烙印的不同痛苦："我是个非常害羞的女孩。""所有男孩都擅长运动，只有我不是。""我很胖。""我的朋友不多。""我总是画不好画。"我们不在的时候，比如我们无法抱抱他们或是在他们耳边轻声说些鼓励的话的时候，他们被贴上了这些标签。未来他们也会在与其他孩子或老师一起时被贴上这些标签,他们面对的是一个不会对他们的自信负责的世界。

很少有孩子生来就天赋异禀,头顶光环,美丽迷人又讨人喜欢,无论走到哪里都有阳光洒在他身上,幼儿园的老师喜欢他,所有其他孩子都想要和他成为朋友。我的孩子不是这样的。他们就是普普通通的孩子,需要努力才能让镜子照见他们身上的优点。这并不是因为他们不优秀、不漂亮、不聪明或是不善良,主要是因为他们遇到的世界并不会拥抱他们。他们不是"最好的",他们只是他们自己。

假设我们是有觉知的父母,我们能够看到孩子身上不闪光的地方:恐惧、焦虑、羞怯、一意孤行、偏执、无法顺其自然、占有欲强,以及很多其他没有完全形成的特征。随着他们逐渐长大,我们突然开始纠正、斥责、担忧他们,对他们感到失望,而就在不久前,我们还毫无疑问地认为他们是"最好的"。因为我们此时此刻是他们的镜子,看到了他们所有的缺点。他们看向我们时,无法理解我们是出于好意才冲他们发火或是担心他们的,无法理解如果他们听我们的话,按我们所说的做,他们就会成功。他们看向我们时,只会听到这样的话:"就是因为你这样,其他孩子才不愿意和你一起玩。""如果你一直这么害羞,你就会一事无成。""所以如果事情没有按照你想要的方式进行呢?你只要再轻松一些就行了!""和生气时的你相处真的令人非常不愉快。除非你冷静下来,不然是不会有什么好结果的!"我们说的话只会让他们的油箱空空如也,因为他们此时已经过得很艰难了,而我们的话让他们感到更加低落,我们夺走了他们的信心,把他们留在原地。他们接受了我们的指责,其中混合着致命的高期望、怒火、失望和一堆多余的话,然后他们要走出家门到外面的世界中求生,但他们的内心会觉得自己已经被驱逐出我们为他们打造的、在他们刚出生的几年里一直陪伴他们的小小天堂。

拥有积极自我认知的人也会拥有自信心和自尊心。拥有认识自己、了解自己的内在能力能帮助我们了解、利用自己的优势。我们常常把这叫作有"骨气"。骨气会让我们坚定自己的信念,为自己挺身而出。一般来说,能获得成功的孩子或能获得成功的人是更懂得赞许自己的人。但我们实际上又认识多少这样的人呢?

我们控制着我们孩子的故事发展。我们是优秀的故事讲述者,是他们生活中冒险故事的叙述者。他们会从叙述者的评价和对困难的反应中学到他们要告诉自己的"事实"。叙述者可以这样说:"你是一个非常勇敢的孩子。但有时候,就连最勇敢的人都会感到羞怯、害怕和不安。我理解你感到害羞的时候。我相信当你面对特别重要的事情时,你的勇气一定能够帮你慢慢战胜它。"或者,叙述者也可以这样说:"你又开始害羞了。好好听我说,害羞的孩子是没有朋友的!他们会错失很多美好的东西!害羞的孩子在生日会上也不会从魔术师那儿得到惊喜!你想要成为那样的孩子吗?加把劲,克服它,老这样下去可不行。"这两个叙述者的观点和随之而来的解释都大有不同。他们面对着同样的情境,但乐观的叙述者创造了不同的叙述方法来描述孩子显露出的弱点。他并没有模糊这一点,而是从接受的角度来表达,将这一弱点理解为克服困难、获得成功的路上的一个发展阶段。想要让孩子拥有高自尊,我们需要扮演一位乐观的叙述者。

你知道吗?我们需要从接受自己的不完美开始。当我们能接受自己所有内在和外在的缺点时,我们就能够和自己、和与我们亲近的人谈论它们:"我知道自己特别没有条理。我正在尽力改变。""我希望我能多锻炼锻炼,但激励自己真是太难了。""我的脾气真的很暴躁。我会尽力让自己察觉到这一点,控制住脾气,要是发火了,就向对方道歉。""我想多读读书,但并不是总能顺利地进行。"当你乐于努力满足自己的期望,而不过分地苛责自己时,你就会拥有同情心。如果你能对自己有同情心,也能够给予孩子同情心,孩子就能够学会同情自己。当事情因为他们的某种特定行为或错误而变得不顺利时,当他们遇到了烦心事,比如说不喜欢自己的卷发,或是他们遇到了其他任何困难时,你要和他们一起从不同的角度讲故事:不是关于"做最好的孩子"的故事,而是关于"你是谁"的故事。

如果我们想让孩子更轻松地对待事情,但让事情顺其自然对他们来说并不是那么容易做到的话,我们就需要找到他们能够轻松对待的事情,并对他们能做到这些事情感到开心,就像他们第一次拍手一样。当他们没法做到时,我们应该保持安静,让他们崩溃一会儿,然后同情地抱抱他们,在他们的耳边轻声说,今天是很艰难的一天,我们看到了他们有多么不开心,但是明天或许就会轻松一些。

让你的孩子意识到,一个人没有表现得最好的时候,恰恰是他需要被鼓励的时候。当你们看到一个孩子在操场上调皮捣蛋时,不要和孩子讲述我们经常说的好与坏的故事,而是要告诉他,这个孩子可能很难过,他现在过得不开心,需要一个拥抱或是鼓励的话。如果孩子知道这个世界并不是简单地分为对与错、黑与白,就会具有同情心。告诉孩子,善待他人、懂得倾听、学会赞美、说暖心的话,特别是当他人不顺心的时候,会让他们得到莫大的快乐。这样的人、这样的孩子将永远不会感到孤独。当他们看向镜子中的自己时,他们会带着同情心注视自己,知道如何赞赏自己,哪怕是在不开心的时候,也知道如何发掘他人身上的美德,在自己身边创造美好。

那天,我和儿子正走在街上,突然我接到了一通电话,对方通知我他没通过夏季考试。这次考试非常重要,他之前已经有两次没有通过了,而且这次他确信自己能够拿到高分。他从考场出来后,脸上挂着大大的笑容,他上车和我说:"我觉得我这次答得非常好!"所以这个消息让我俩都有些猝不及防。他的脸色发白。我能看出他在很努力地不让自己哭出来。我觉得现在去拥抱他可能会伤害到他,所以我靠在他旁边,和他一起沉默了五分钟,而这五分钟仿佛一个世纪那么长。他一句话也没说,只是用手遮着眼睛。然后我在他耳边说:"对我来说,你是个与众不同的男孩,你这么聪明又这么善良。现在你已经成长为这么棒的男子汉了。最重要的是,你不轻言放弃。尽管生活总会打击你,但你拥有不放弃的品质,这是胜利者的品质。我希望你能记住你现在没有感受到的感觉:你会胜利的!但不是因为你会通过考试,而是因为其他孩子在两次失败后都会放弃,而你没有。我知道有很多大人在一次失败后就会放弃,你却坚持了下去。即使此刻你感到心碎,但我知道你永远不会绝望的。"

他没有回答我,只是静静地听着。虽然我很想拥抱他,但还是把手放在了他的背上。"所以我们今天晚上去哪家饭店吃饭,庆祝一下你的失败呢?"我问道。他笑了。我们继续前行。

— 24 —

作业是孩子自己的事

她带着悲伤的表情上了车，那是一种你平时很难在她脸上看到的表情，因为她是个开心的女孩，就算书包特别重，她也会蹦蹦跳跳地从学校出来。我赶忙问她发生了什么。

"大红叉！"她哭着说道，"就是这个事，妈妈。大红叉！一共三个！"她弯下腰，从书包里掏出一张皱巴巴的试卷，怒气冲冲地把它展开，眼泪从她的脸颊滚了下来。她把数学考试的试卷放在我们中间，指着老师打的一个叉，又指着试卷底下的另外一个，然后又指出一个。这三个叉被她的眼泪晕开了，像血滴一样。"红色的叉！"她重复道，"为什么他们就不能只把所有正确的答案圈出来呢？这样我就知道没有圈起来的是错的了！为什么一定要打红叉呢？"

如果我只用一句话、给老师打一通电话、调查这件事或者说句表扬的话就能减轻打叉给她造成的痛苦，那事情该会有多么简单。毕竟，他们给我快乐的女儿打了叉。但对她、对我都很幸运的是，她不是我第一个孩子，而作为妈妈的我也被伤害了足够多的次数，才明白了一个重要的道理：遭遇打叉这件事的人不是我，而是她。除了待在那里，理解她和她的感受，在车里陪她失控，我无能为力，这种感觉十分复杂。所以我听着她诉说，拥抱了她，放了首欢快的歌，而当我们到家后，我把所有正确的答案都圈了起来，还在试卷上画了几颗爱心。这时，她已经恢复了往常的开心，完成生活交给她的下一项任务了。我停下来和她说："我相信你。我喜欢你得到的叉，因为它们让你更加强大。我爱你，因为你快乐、聪明，能够克服困难。"然后，她就笑着去写作业了。

试想一个没有作业的育儿世界。没有需要准备的考试或学校安排的其他任务。在这个世界里，我们不需要进行时间管理，也不需要承担学校教育方面应承担的责任。在这个世界里，我们只需要对他们今天在历史课上学到了什么感兴趣，与他们讨论课堂上提出的话题，问他们学会了写哪个字母，或者因为一个法语单词与"鼻涕"读音类似而大笑。在这个想象的世界中，我们所有可能施加在他们身上的压力和关于作业的争吵都集中在鼓励与称赞上：为他们在笔记本上工整地写下一句话而开心，为他们能够自己想到要做作业而开心（而不是需要我们问："你有作业吗？你确定没有作业吗？需要我检查吗？"），为看到他们在遇到困难时主动寻求帮助而开心（而不是需要我们说："周六我们要复习平方根——你并没有完全搞懂。"）。

要明白，如果我们不断向他们证明，我们才是真正对一切负责的人，那他们就不会真正学会负责。我们不断地提醒他们，和他们坐在一起，纠正他们，限制他们一天里快乐的时间，让他们完成学校的任务，当他们注意力不集中时和他们争吵，我们迫切地想要把作业做完。他们的作业！但我们是为了什么呢？我们真正的目标是要教会他们这是他们自己的任务，他们需要为此投入精力，付出努力。如果最终付出努力和承担责任的人是我们的话，我们又教会了他们什么呢？

试想你正在教孩子怎么骑自行车，每当她失去平衡时，你都会快速接住她，从来不会让她小小的脚着地；你只是把她扶正，然后再推她一下。可是，如果她不能感觉到自己身体的运动，如果她无法理解这件任务的复杂性——是的，如果你还得握紧车把，看着踏板，保持自己平衡，同时稳步前进的话，那她怎么才能学会呢？更糟的情况是，试想每次她摔倒（她一定会摔倒，因为这是人们在生活中独立学习一样东西的必经之路），你都会给她施加压力，威胁她，冲她大喊大叫道："你是怎么回事——不能这么骑自行车！"这对她的自信、你们之间的关系、她承担责任的能力又会有怎样的影响呢？

想要让孩子学会承担责任，我们首先必须相信他能够做到。每当我们把他的作业从他书包里拿出来，递给他铅笔，指着下一道题时，我们都是在与目标背道而驰。所以，让我们深呼吸，相信他吧。一开始，他只需要记住老师留作业了，并且主动开始写作业。我们要对这件事表达自己的钦佩之情，对他说："不用我提醒，你就记得要写作业了——你越来越有责任感了。"当他把练习册拿出来，打开到正确的那一页时，我们也要对此表达自己的赞叹。当他从铅笔盒中拿出铅笔时，我们要再次表达我们的热情。而当他坐下来开始独自写作业，让我们在旁边干些别的事情时，我们要告诉他，我们欣赏他的独立。如果他说现在不想写作业，想要等一会儿再写，那么过一会儿我们可以提醒他，当他坐下来开始写作业的时候，我们要告诉他，尽管他想要做其他事情，但他还是履行他之前的承诺，坐下来写作业了，这就是成功需要具备的品质，而这也说明了他是个好学生。

有些孩子不做作业，也不用为此付出代价：因为老师不检查作业，他们会在最后一刻把作业糊弄完，或者找其他解决办法。这件事和你无关。孩子需要有一次因为没做作业而被老师逮到的经历，他们也需要自己来告诉你，同时不被你数落。他们不能在你们的关系中付出代价，而是要在现实的环境中，在学校里付出代价。每个孩子都想在学校表现得好，就像他们都想在游戏中获胜一样。他们只是还没有完全理解他们需要些什么才能成功。其实，每个孩子需要的东西都是不一样的。成为好学生并没有什么独一无二的秘诀。每个孩子都有自己能够利用的资本和需要努力的地方。但如果我们剥夺了他们自我管理的可能性，那他们如何能够知道自己需要什么呢？

总有一天，他们要学会如何读和写。更复杂的问题在于，如何能够培养出了解并且能感觉到自己聪明的孩子，就算遇到困难也不放弃的孩子，渴望成功、懂得承担责任、对自己感到满意、既依赖于外界的鼓励也能够拥有自信的孩子。减轻家庭作业带来的压力，不要为他们收拾好书包，而是和他们一起收拾，在他们身上寻找一切成为好学生需要的品质：好奇心、韧性、责任心、延迟满足、智慧、创造力、寻求帮助的能力和集中注意力的能力。卷起袖子，带上手电筒——开始探寻孩子身上的这些品质，你会找到它们：有些在明处，有些在暗处，还有些几乎不存在。然后，每当他们表现出一点点这些品质的苗头时，你都要告诉他们：这叫作有责任心（他帮忙照看了妹妹三秒钟），这样做是懂得不放弃（她把倒塌的乐高玩具房子又重新搭建了起来），这意味着拥有智慧、好奇心和注意力（他和你一起完成了填字游戏，虽然三十个单词中他只认识一个，但仍旧在不断尝试）。

当我们觉得自己无法控制孩子时，最先想到的就是试图重新夺回控制权。我们用奖励去诱惑他们，用惩罚去威胁他们，不断地冲他们唠叨或是发火——但要让他们完成任务，这些都是我们最不应该做的事情。当他们还小的时候，这种做法可能有效，但当他们步入青春期时，事情就会变成："我现在没在做作业——你能拿我怎么办呢？"

请记住，当孩子步入青春期后，他们生活中的任务就发生了变化。你和你的满意不再排在任务清单的最前面。现在，他们的朋友说的话变得更加重要。他们要忙于处理社交方面的事情，注重自我形象，以及解决在意想不到的时刻让他们感到棘手的其他问题——"我是谁？我看上去怎么样？我有多受欢迎？我和其他人一样吗？我是特别的吗？"而这时候，学校会带给他们最困难、最苛刻的体验，他们要面对他们觉得不会让自己感到快乐的各种科目、不理解他们的老师，最重要的是要面对你在家中表现出的失望、给出的压力和苛责——"她确实帮得上忙""她一点忙也帮不上"，以及其他的抱怨。

我们管他们叫"自我中心者"，这种说法确实有点道理。为了在青春期这个新的环境中理解自己是谁，他们需要成为自我中心者。正是在他们处于这个年龄时，我们才能意识到，不应该强迫不愿意学习的孩子。如果我们伤害了他们，就会把青春期里唯一一张安全网——和他们保持良好的关系——置于危险当中。此时此刻，我们必须明白，我们唯一能做的就是提供帮助，如果他们喜欢，我们就给他们请家庭教师，甚至提醒他们考试即将到来，但这项任务需要他们自己来完成。如果他们能听到我们肯定他们拥有的品质，而不是指出他们缺失的那些（即使这些品质与学业表现无关，而是关于他们在其他活动中的表现），他们应该能够不太费力地处理好学校里的任务。

我们拥有的能够照亮孩子前行道路的唯一工具其实是最简单的：鼓励。如果我们没有因为他上次考试成绩是D，而这次考了D+而感到开心，那他又怎么能找到鼓励自己的方法呢？如果我们的孩子能够明白，就算自己并非出类拔萃，但也足够聪明；明白就算这次忘了做作业，他们也还是勤奋的孩子；明白自己是名好学生不是因为考试得到了A+，而是因为能够把不愿意做的作业完成，并且中途没有放弃——那他们才有可能成功，不会被失败击垮。

— 25 —

不要溺爱孩子

当这个十二岁的女孩第三次弄坏她的手机屏幕时,我真的需要控制自己的情绪。上次她弄坏手机屏幕时,我们约定好她要用我们给她买的能够保护手机的特殊手机壳,可是这些日子她显然更喜欢那个闪闪发光的时尚手机壳,觉得它才能更好地彰显她的个性。她惊恐的哭声回荡在整个房子里,仿佛她刚刚失去了双亲一般。我赶忙跑到厨房,想着她遇到了什么可怕的事情。当我意识到只是手机的事情时,我马上切换回父母的角色,努力控制自己不去打她一巴掌或是提醒她上次同样的事情发生时我们是怎么约定的,也让自己不去想修手机要花多少钱,怎么能让她臣服于我,跟我说我有多么正确,她做的有多么不对,为什么下次她必须听我和爸爸的话。

很快,她的叫喊不再针对整个宇宙和手机之神,她开始把矛头对准我,原因很简单,当看到她没有受伤的时候,我一言未发地离开了厨房。"什么样的妈妈能眼睁睁看着孩子陷入这样的境地却不帮忙呢?"她冲我喊道。我回答说,等她冷静下来之后,我们再来看看能做什么。"什么样的妈妈能在孩子哭成这样的时候不过来抱抱她呢？"她接着我的话喊道。

我看着她，她脸上挂着泪水，因为怒气而涨得通红。我必须再次忍住自己的情绪，忍住不告诉她现在不是在和我生气，而是在和自己生气，但因为她控制不住自己的情绪，才拿我当出气筒。我还要提醒自己，这件事现在和我没有任何关系，而是与她和她的生活、她和她的责任心有关，而且这部手机在很多方面象征着她的独立性，现在它破碎的屏幕代表了一件最困难的事情，一件无法挽回的事情——一个错误的决定，一时的大意。"你想要拥抱吗？你可以请我给你一个拥抱，然后我就会高兴地拥抱你。"我说道（虽然我并没有任何高兴的情绪）。

"不是这样的！"她尖叫着，重重地摔上了卫生间的门。

我坐在客厅里，第三次控制着自己的情绪。

在卫生间待了六分钟后，她走回了客厅。在这漫长的六分钟里，她大喊自己的生活糟透了，她怎么会有这样一个妈妈，她想知道现在应该怎么办，还用"该死""他妈的"这样的粗话来激怒我，让我跟她说她不能这样讲话，她必须冷静下来，列出现在要做的第一步、第二步和第三步。她出来后和我说："妈妈，我已经冷静下来了。接下来我们要这么做。我会用我攒的钱支付换新屏幕的费用。我可以自己把手机拿去修理，但如果你愿意帮我的话我会很高兴。手机修好前，我会用雅赫莉（她的朋友）的手机给你打电话，因为我们可能会待在一起。现在我想要你抱抱我，拜托了。"

我又一次忍住了，忍住没有问她下次再这样我们应该怎么办，她从这整件事中学到了什么，或者她的悔过程度从一到十是几。最重要的是，我忍住没有问她为什么她认为全家都应该忍受她的大吵大嚷。我紧紧地抱住了她，在她耳边低声说："你现在真的成长了很多。你正在学会自己解决问题。你真的很棒。"

我们的任务不是关注我们自己、我们的自我、我们的担忧、我们受到的冒犯，甚至是我们明确的教育日程。我们的任务是让孩子慢慢接触生活、承担责任、学会自立。当他们才十二岁的时候，我们可以帮他们修好屏幕，但当他们二十七岁时，我们更希望他们能够自己去修好所有破碎的东西，包括他们受伤的心灵。我们想要知道他们能够应对发生在他们身上的糟糕事情，同时珍惜发生了的美好事情。我们想要教会他们依靠自己，依靠自己的力量，依靠他们所培养的、我们帮助他们培养的韧性。

在你不跟着的时候，三岁的孩子能够自己绕着游乐场走动。她能够自己穿衣服、自己涂肥皂、给她的小妹妹递奶嘴、帮助准备晚餐、为你提供解决问题的办法、整理袜子、在车上系好安全带；不用你补偿，她也能够自己处理好玩游戏失败带来的情绪，让你能小憩一会儿，晚上也能够自己入睡。一个三岁的孩子能做很多你想象不到的事情。这些事情或许需要很长时间，或许不能在一天完成，而且在这个过程中她可能会弄得很脏、经历失败、让你更想自己完成这些事情，因为这样能够高效又快速。但是如果你相信她，她就会学会相信自己。现在，试想一下七岁的孩子能够做到多少事情，更不要说十七岁的孩子了。

所以，我们为什么要替他们做呢？为了提高效率？满足我们的控制欲？对他们没有信心？想要做优秀的父母？即便我们让孩子在成长的道路上听到许多表扬，但如果他们不独立，那他们永远都无法真正感受到自己的价值。虽然你的话会让他们高兴，但如果孩子无法在责任感和独立性方面获得表扬，他们会一直感到自卑，觉得自己是环境的受害者，变得易怒、无助、逃避现实。这个世界有时的确令人害怕，让一个九岁半的孩子拿着购物清单去杂货店买东西要花上很长时间，在回家的路上他可能会丢掉找给他的零钱，或者到家后发现忘记买牛奶。但是，如果一个孩子很独立，那他能够管好他自己的事情，自己解决问题，为自己完成或没有完成作业的行为负责，在家中、学校里和社会上急人之难，贡献自己的力量，成为重要、有能力的人——这可是世界上最美妙的感觉。

那么被溺爱的孩子呢？他总是会接受不必要的服务，总会有人替他做本应该由他自己去做的事情。而"做"这件事本身对一个被溺爱的孩子来说很难。其实，你正在为他的现实生活承担责任：帮他穿好衣服，他口渴时把水递到他跟前，帮他拿上书包，给他做好热腾腾的午饭再端到他面前，跟在他后面收拾，替他邀请朋友到家里做客，开车带他去上下午的课，如果他需要的话，还要在外面等他下课。和他一起做作业，提醒他很快就要考试了，帮他完善课堂展示，每当他弄坏或是弄丢什么东西时，你都要给他买新的，一旦发生状况，就打电话给他的老师或者他朋友的妈妈，替他做出艰难的决定，给他买他需要也想要的东西或是想要但根本不需要的东西。如果你只能替他把食物嚼碎咽下，相信你也会乐意这么做的——你会尽一切所能不让他承受任何悲伤或痛苦。

我想说的不是偶然的娇惯，比如给孩子做一杯热巧克力，不时帮他们穿衣服，乃至给他们做特别美味的三明治，或是在他们穿之前把袜子放在烤炉上边暖和一会儿。我想表达的是把溺爱当作生活的入场券，即使我们非常清楚这件事应该由谁负责，却还是替他们完成，而孩子会认为你替他们完成这些事情理所应当，这是你作为父母的职责。

被溺爱的孩子不具备自食其力的情感能力。因为有人已经投入了很多精力为他们做事，这会让他们不能或是不愿相信自己能够做好事情。被溺爱的孩子会在发生状况时反过来指责你，就算他们二十七岁也会如此。他们会因为必须自己走路或自己做三明治而冲你发火；他们不会帮着做家务，因为他们觉得这不是他们的任务；当考试失利，与朋友相处不好，在班里、在工作单位中处理不好人际关系时，他们都不能承担责任，因为他们总会觉得问题出在别人身上。

溺爱孩子的父母感到筋疲力尽，常常觉得无助，有时可能觉得自己快要疯掉了，但大多数情况下，他们觉得自己别无选择，如果他们不这么做，就没人会为孩子做这些。起初，当孩子还很小时，溺爱孩子的父母会感觉自己是称职、充满奉献精神的父母。他们为孩子做的所有不必要的事情给予他们一种掌控感，让他们觉得这种溺爱是积极的。他们需要时间才能意识到，自己这么做实际上是害了孩子。

停止溺爱孩子有点类似于戒掉毒瘾。你既不能单方面地完全停止为他们提供服务，让孩子没有办法处理问题，也不能用言语向他们解释这样做是错误的，他们现在必须发挥出自己巨大的潜能。想要停止溺爱孩子，唯一的可能就是利用你的耐心，像婴儿学步一样把整个过程拆分为很多小步，同时在这个过程中鼓励、赞赏孩子，并表现出兴奋和惊叹。七年来，一直在帮他穿衣服或是恳求他写作业是你的错，和孩子无关。他不应该只是因为你做出了适可而止的决定，就要在一夜间掌握其他人通常需要多年积累才能拥有的生活技能。

较晚才学习独立的孩子需要的东西和她本应该在四岁时需要的东西完全一样：她需要你相信她，不放弃、不责备、不心急，真心地赞赏她所取得的每一次进步，而且最主要的是，即便她在学习独立的过程中发脾气、感到受挫，你也要相信她能够渡过难关。她自己应付得来，而你的任务是慢慢地撤走你之前耗费过多精力为她打造的轮椅，看着她向独立的世界迈出第一步，你只需要为她感到高兴就可以了。

有时候，尤其是当孩子还小的时候，我们很难理解自己到底应该在他们的电影中扮演什么样的角色。显而易见的是，在我们的电影中，他们是主角——毕竟他们是我们的孩子，是属于我们的！是他们让我们为人父母；是他们让我们感受到生活的意义、控制欲和亲密关系；我们在他们身上投入了自己拥有的一切，也为他们争取我们尚未拥有的东西。你无法想象这个故事只是暂时的，无法想象本属于你、你深爱的东西总有一天会离你而去，踏上自己的旅程。

在电影的第一幕中，绳子被握得特别紧。连接我们和孩子内心的绳索是显而易见的，充满情绪张力，而我们和孩子都拼命地想要抓紧它。但是，我们必须慢慢松开这条讲述亲子关系故事的绳子。让我们直接跳到剧本结尾，松一口气：这条绳子永远不会被完全放开。它会一直是我们和孩子之间的纽带，即便我们不在人世，它也还是代表着我们之于他们、他们之于我们的一切。但此时我们会遇到为人父母最困难的任务之一：在当下紧紧地抓住绳子，同时为在遥远的将来放手做好准备。这到底意味着什么呢？这意味着，当他们只有五岁的时候，我们就必须扪心自问，我们想要让他们在二十五岁时成为什么样的成年人，再去衡量当下我们决定选择的道路是不是能够帮助我们实现这一愿望。

这条绳子本身的质量和强度取决于我们和孩子的独立程度之间的关系。这种独立性是指独立解决问题、做出选择、承认错误、承担责任、追求梦想、感受积极和消极情感、成为有意义有贡献的人，独立离开巢穴、建立自己的新巢穴。

  为了慢慢培养孩子的独立性，我们必须意识到，这项任务自他们出生起就开始了。每天，我们都要把绳子松开一点，这样他们才能少依赖我们一些。而我们呢？在他们讲述自己的故事时，我们始终会扮演配角，却是核心角色。这听起来很消极，但我们慢慢松开绳子的动作——拒绝他们、不责怪他们、不帮助他们解决问题——是充满积极意义的。我们永远会站在绳子另一端，但当他们跌入坑里时，他们必须完全依靠自己爬出来。

— 26 —

放弃掌控感并不是输

我的一位朋友遇到了难题，此时她正坐在我的对面，准确、清醒地向我描述她的痛苦。"我还记得我第一次在家中感到无法喘息是什么时候，"她叹了一口气，说道，"当时我十七岁。我们收拾好了一小包东西。那时我并没有什么计划，只想去一个能够让我有喘息空间的地方。妈妈大喊着我哪儿都不准去，对我的称呼变成了'小姐'。我不假思索地去了伊法特家里。她家有能够让我喘息的空气。她的房间虽然一团糟，可是并没有人因此对她大喊大叫；她穿着很酷的衣服，也没有人对此发表什么看法；墙上贴着的杜兰杜兰乐队的海报注视着我们，她拿起一盒我们一起制作的悲伤歌曲磁带播放起来。我们躺在她的床上，这时我觉得自己又能够喘息了。"

她又叹了口气，接着说道："但你知道现在最让我伤心的事情是什么吗？最让我伤心的事情是，现在，我变成了那个夺走女儿喘息空间的母亲。在男孩身上并没有发生这样的事，和他们相处起来很容易。但是她，在她早上刚起床时，从她的眼神中我就知道我现在变成了我妈妈。我感受到了她对我的恨意，她现在的感受和我十七岁那年的感受一模一样，可她现在才十岁。无论我说什么，她都要和我唱反调；她选择无视我的所有感受和需要；每次毫无恶意的谈话最后都会变成一场战争。我们三个女人，三代人都处在无法喘息的空间中，我真的很想再次逃到伊法特家里。第一次是因为我的妈妈，而现在是因为我的女儿。"

我们让孩子降临在这个世界上，他们是属于我们的。我们应该保护他们、照顾他们、教会他们很多东西，而且始终让一切在我们的掌控之中，因为我们是他们的父母，因为我们在书中、视频中看到专家对界限和权威的解释，因为我们害怕，如果我们在他们面前失去权威，我们就会惯坏他们，我们认为孩子需要规矩的限制。所以，我们尽力让自己掌控一切。这让我们感觉良好，建立了一种内在秩序。我们控制他们吃什么、穿什么，他们的行为举止，他们和谁一起玩，下午要去上什么课，什么时候开始写作业，要买什么东西，等等，这让我们觉得自己是优秀的父母。但我们却忽视了一点：孩子是属于他们自己的。他们是拥有自己世界的小孩子，这个世界由他们的欲望、经历、理解、倾向、热爱和偏好组成。这个世界完全独立于我们，在我们眼前运转着，无时无刻不在一次又一次地向我们证明，控制欲是一样多么脆弱的东西。

我们需要控制权才能觉得自己是好父母，而孩子需要控制权才能成长。在这场关于控制权的争夺中，最终只有一个胜者。父母们，胜者永远会是孩子。这可能需要时间去证明，一开始你可能会觉得自己赢了，但等孩子慢慢长大，他会让你受到失去控制的教训。所以，你最好先问问自己，他七岁在院子里和谁一起玩，或者她在商店里选择买什么真的很重要吗？问问自己，她四岁时穿哪件衣服真的值得你苦苦坚持吗？让她穿那件你觉得合适的衣服真的那么重要吗？她想在夏天穿运动鞋或者想要穿戏服去幼儿园真的那么重要吗？因为对她来说，这并不是穿什么衣服的问题，而是有关她的意愿。我们如此轻易地反对她穿短裙，反对她想要做的很多其他事情，无论我们给出什么合理的解释都不重要了，因为我们正在忽视她的感受，剥夺她对自己的控制权；我们是赢家，她是输家。然后，我们就会听到她说："你不能替我做决定！""你根本不听我说话！"可我们依旧没有停下来倾听或理解她，而这也是家令她感到难以喘息的原因。

十四岁青少年的想法其实在她六岁的时候就已经萌芽了，她想要和你做一个你无法拒绝的交易："如果你能够尊重我，尊重我的人格，尊重我想要的东西、我犯的错误、我傻傻的梦想、我的选择，前提是你要真正地尊重它们，发自内心地理解你正在养育的是一个独立的个体——这样的话，当你对我说不，而这件事对你很重要的时候，当你出于保护我的目的而拒绝我的时候，我是能够接受的。我会听从你的意见，不会觉得你刚刚做出了一个可怕的决定。这才是你想要的，对吧？你希望能够在真正重要的时候树立权威。"但是，争夺控制权和处罚并不能让你获得权威。想要获得权威，你需要给予孩子尊重、与他们保持良好的关系、关注他们、做出让步、多对他们说"好"。这样，当你对他们说"不"时，他们会更加明了，虽然可能会因此不高兴，但他们知道必须尊重你的界限，因为你也尊重了他们的界限、他们的人格。

这意味着你必须放弃"掌控"感，但我向你保证，这并不会真正让你失去控制。孩子长大后，你会发现他们能够理解真正重要的事情，因为如果你总是想要控制那些不重要的事情，他们会下意识地抵抗、争辩，为争取自己喘息的空间而反抗，令你感到窒息。我们最终的目的不是不去说不，因为你的表情、叹息、语气、在他们头顶的低语都会明显地表达你不赞成。当你意识到你所坚持的事情中有一半都应该放手的时候，就会迎来真正的改变。这并不是因为你会输，虽然这样想也不正确，而是因为孩子才是最了解自己的人，不是你。

在我自己的五个孩子中，我发现对有的孩子，我可以很容易地迁就他们，因为他们每次的选择都不会违背我的内在逻辑，或者说得严重一点，不会违背我本人和我的原则。而有的孩子——在我意料之中或是出乎我的意料——更像我，让我能够想到自己。而与我截然不同的孩子会唤醒我心中代表权威的恶魔，我发自内心地担心他们，不断问自己："我对他们的教育是成功的吗？他们真的会成长为和我有同样价值观的人吗？"对于这样的孩子，我每天至少得提醒自己一次，放手并不是放弃权威，而是给予尊重。是的，即使要以他们不会达到我所有的期望为代价，也得这么做。我始终记得，虽然在他们成长的过程中我可能会在某些时候失去权威，但我赢得了看着他们在我身边成长的权利，而且我对他们来说依然重要。对我来说，这比让我拥有最后的决定权更有意义。

— 27 —

离不开屏幕的生活

十七年前,当埃亚勒出生的时候,我们买了一部相机,每周我父亲都会来取一小袋用完了的胶卷。大外孙第一次洗澡——三卷胶卷,大外孙在游乐场看到狗——两卷胶卷。一切都被记录下来,又被拿到柯达商店冲洗出来。埃亚勒接触到的刺激源是我们的表情、厨房嘈杂的声音、不时来访的客人、我的唠叨、儿歌光盘、色彩十分鲜艳的绘本,还有当我想要洗澡时,充当临时保姆的怀旧动画片《小熊维尼》。

我的第五个孩子希拉是伴随着产房里蓝牙音箱播放的尤瓦尔手机中的精选歌单出生的。甚至在脐带还没剪掉时,她就被拍下了人生中的第一张照片,然后她的照片通过WhatsApp①被传给了她的哥哥姐姐和亲戚。她的哥哥姐姐为她准备了"欢迎希拉"的音乐录影带,她不得不在只有一天大的时候就观看这盘录影带。现在,她五岁了,接触到了几十种电子音乐、迪士尼频道上播放的劣质系列节目以及社交网络(我们拍一张希拉的照片,然后让她的嘴里喷出彩虹,把她的眼睛换成猫的眼睛)。确切地说,她知道如何使用我

---

① 中文名为瓦茨艾普,一款国际性的即时通信软件。

的、她父亲的、她哥哥姐姐的手机上的所有软件，而且最重要的是，她发现我们的眼睛总是盯着屏幕。

关于孩子的童年在屏幕的陪伴下度过会让孩子付出什么代价，我们可能会争论很久，但有一件事非常明确——屏幕并不会离开我们的生活。虽然我发自内心地尊重所有教育工作者和传教士，但你不会从我这里听到任何关于让家里不再出现屏幕的警告或建议（虽然这是个有趣的试验）。在我看来，是我们把屏幕带入这个世界，它属于世界的一部分。没有人会想要把家里的冰箱搬走或是每隔一天再使用厕纸吧。科技总会从我们身上带走一些东西，同时又归还给我们一些东西。而作为父母，我们的任务就是为孩子补充屏幕从他们身上带走的维生素。太阳是个奇妙的东西，你无法想象没有它的生活，但当它炙烤我们的时候，我们要涂上防晒霜，坐在阴凉处，甚至戴一顶大帽子。

在思考其他事情之前，让我们先想想我们自己。在如今的孩子眼中，曾经在电话答录机上收听消息或是在手上拿着书阅读的父母，现在一天的大部分时间都在做一件事——盯着屏幕。孩子并不知道，大多数时间你盯着屏幕是为了工作、回复邮件、看一些和工作相关的东西、从在线小组中获取重要信息，只有少部分时间是花在令人沉迷的游戏或滚动浏览信息上面的。在孩子眼中，爸爸妈妈使用屏幕和孩子使用屏幕做的事情是一样的——玩，看有趣、神奇的东西，消磨无聊的时光。屏幕能够给各个年龄段的人带来强大且吸引人的刺激，这种刺激程度是我们在童年时从未经历过的，而且这种刺激持续存在。我们自己离不开屏幕，又会在想要获得片刻宁静时，用屏幕转移孩子的注意力（而不是让他们出去和邻居家的小孩一起玩），这样做是致命的。

因此，在屏幕时代，作为父母，我们必须让自己随之进化，负责让孩子理解人与人之间的联系。我们不能指望学校，而是要让他们明白,尽管网络世界五花八门,但没有什么能比亲密关系、关注、一起开怀大笑、培养情感能力更令人幸福的了。在这个新世界中,他们的成功不仅仅取决于分数或工作水平,也取决于他们的情绪智力,表达想法、倾听他人、与人交流的能力——这也是我们要负责的事情。

不要认为当他们九岁时,你不给他们买智能手机就能够解决问题了,也不要限制屏幕的使用时间或是偷看他们的手机,因为这样做只会让你自己感觉有用,而孩子还在太阳的炙烤下。你需要记住的是,点击一张牛的照片,听它发出哞哞的叫声的确很好,但是听爸爸学牛发出哞哞的叫声,然后再一起开怀大笑,又会是一种截然不同的体验;在电视机前吃饭可能会满足焦急的母亲想要结束晚餐的愿望,并且能够让孩子好好吃饭(当孩子还小的时候,他们的目光集中在电视屏幕上,他们的嘴会不自觉地张开,这样你就能很容易地喂他们吃饭了),但还是比不上所有人围坐在餐桌前,共享二十分钟的晚餐,妈妈和大家说说工作上发生的事,爸爸扮鬼脸逗乐,当他的手机铃声响起时,他说:"不好意思,我正忙着吃一顿非常重要的家庭晚餐。过一会儿我再打给你。"即使我们没有成功地往四岁孩子的嘴里放几口意大利面、两片黄瓜、一些奶酪和金枪鱼,我们也已经收获到了更多。的确,我们可以偶尔让他们在电视机前睡着,但我们必须记住,没有什么会比讲一个睡前故事、给他们一个拥抱,再在他们耳边说些充满爱的话语更能让他们香甜入睡的了。

即便他们长大了,开始喜欢看电视或玩电子游戏,他们仍旧需要最简单的人际互动:和你分享学校里发生的事、一起在厨房做饭、征求你的建议。你可以给他们安排一些任务,比如帮你叠衣服、一起玩数独游戏、一起画一张画。重要的并不是你给他们补充维生素的方式,而是在补充这些重要营养物质的过程中你们之间的交流、对话、抚触和亲密关系的培养，没有什么屏幕能和这些相提并论。当你们玩得很开心时，你看着他们的眼睛，胳肢他们，看见一只猫走过去，猜想它此刻是难过还是开心，为什么它会有这样的感觉，如果你可以在一天中累积许多这样的小小时刻，你就能够和屏幕和平相处了。

当他们步入青春期时，休息一下，陪陪他们——试着去了解他们玩的游戏是什么，他们常用的软件怎么使用，他们最喜欢的电视节目是什么。没什么能比和他们一起看些东西（加上我们滔滔不绝的提问）更能让我们意识到，虽然他们的娱乐内容可能和我们没什么关系，但毕竟也没那么糟糕。和青春期的孩子进行交流是最重要的"防晒霜"——不要为了责怪他们而进行对话，也不要怀着探听更多有关他们生活信息的目的开始谈话，要出于对他们真正感兴趣而进行谈话。试着探寻你认为青春期的孩子可能会感兴趣的话题，然后和他们谈论。因为与其让孩子一整天都在YouTube[①]上看关于化妆和美甲的视频，不如自己和他们聊聊这些东西。

当孩子四岁时，你还可以关掉电脑、收走手机、筛选内容，但当他十四岁的时候，你就会在他的生活中变成不起作用、无关紧要的部分。很多家长可能会说"我的青春期孩子被屏幕控制了"，但屏幕并不会把他带到其他地方——他还在这里。你只需要更换一套工具，采用不同的方式，因为他还需要你——需要你和他愉快地聊天，需要你晚上带他出门一起吃冰激凌，需要眼神交流、身体触碰（是的，触碰。你多久没和孩子有过身体接触了？不要因为你拥抱他时他表现出的尴尬而困扰，因为他和你一样需要这样的触碰）和其他你选择和他一起做的事情，只要你能暂时把手机放下一会儿。

---

① 美国在线视频服务提供商，世界上最大的视频分享网站。

28

分享生活

在手机尚未普及的年代,于服兵役期间,我必须排队才能使用整个基地仅有的一部公用电话。这个阶段,妈妈会给我写信。我们的长官会拿来一摞用橡皮筋捆着的信件,然后大声地念收件人的名字。不是所有的女孩都能收到信,但我是幸运的那个。每晚我都会收到妈妈寄来的信,在那段艰难的日子里,周围熟悉的一切都被陌生的气味、声音、泪水和浓浓的孤独感所取代,而妈妈的信让我当时的生活变得甜蜜。爸爸和妈妈的信是分开写的。爸爸信里的内容幽默风趣,他会剪下报纸上的图片,然后自己加上标题:一张大火后的房屋的照片——"没有你的日子",香烟广告中男模特的照片——"还记得我的样子吗?"。妈妈则会在信里和我事无巨细地讲述她那天所做的事情。我能够想象到了晚上,她坐在餐桌旁,提笔写下"亲爱的埃纳蒂(Einati)①"的场景。除了她,没有人喊我埃纳蒂。

---

① 作者名字埃纳特(Einat)的昵称。——译者注

你无法想象当你孤独地待在军事基地的时候，这个小小的字母"i"会给你带来多大的力量。妈妈在信中告诉我她午餐做了什么，她一天的工作中发生了什么，我们的保洁阿姨做得怎么样，她们就保洁阿姨和她孩子相处时遇到的困难聊了些什么。她把她的感受、她和谁打了电话都写了下来，有时候还会加一些邻居的八卦——谁家的女儿可以去上独家课程了，我之前学校的哪位老师不在学校工作了，等等。偶尔，她会停笔去和爸爸、拉尼做些其他的事情，然后会告诉我她又回来继续写信了，信的中间会空两行，以表示刚刚的停顿。

她的信里没有过多的情绪，没有表达她多么思念我或者其他感觉。信中只写了她每天的日常生活，记录了她作为一位女儿刚刚应征入伍的母亲的无限耐心，她清楚地知道女儿真正需要的是什么。每晚都能交到我手中的这些珍贵的信件带给我家的感觉，直击我心，让我知道，就算我的世界有了翻天覆地的变化，但家中的日常生活仍旧和往常一样。

花点时间思考这几个问题——我们和谁分享每天的日常生活？我们和谁诉说一天的工作状况、今天在街上碰到了谁、堵车的经过和其他不起眼的琐事？我们又和谁诉说我们的想法、昨晚做的梦、被烦人的蚊虫叮咬后感到特别痒或是我们特别喜欢的一条裤子？生活中的这些琐事并不会真正传达出意义，却会构成第一个圈子，神奇地编织出最亲密的关系。而深刻的想法、照片、俏皮话和愿望——这些都会慢慢渗入我们的社交信息流，构成更外侧的圈子。矛盾的是，无线网络的连通会切断实际生活中的联系，这种影响在家庭单位中尤其明显。

另外，在分享生活这方面，我们和孩子的地位是不对等的。我们会竭尽所能地照顾他们的一切需求，保护他们免受生活的伤害，小心翼翼地打听他们这一天过得怎么样、和谁一起玩、吃了什么、学了什么、有没有人惹他们，却忽略了我们在聊天中的角色。你的孩子了解关于你的事情吗？他们知道你害怕什么吗？知道你今天过得怎么样，你是怎么爱上他们爸爸的，你是怎么选择工作的吗？他们知道什么会让你生气吗（除了你每天跟在他们身后打扫一片狼藉）？上一次你给他们讲没有寓意的故事是在什么时候？比如说你从办公室到车上的路上淋雨了，你在超市旁边看到大猫带着一群小猫的场景，你的担忧，你明天工作要做的演讲或者你昨晚看的电视节目，看到一半的时候你睡着了，不知道后面发生了什么。

和孩子讲讲每天发生的事是一项重要的日常任务。这项任务之所以重要，是因为它会让孩子拥有不同的视角，练习如何倾听，帮他们意识到我们也是普通人。但最重要的是，这样做会让他们感觉自己重要，因为我们只会对我们眼中世界上最重要的人诉说这些小事，只有面对最重要的人时，我们才有足够的勇气谈论我们的梦想、困境和发生在我们身上的蠢事。他们是我们关于这些事情唯一的倾诉对象，比如说，柠檬从树上掉下来砸到我们的头上，果蔬店老板一直和我们讲话，可是我们特别尴尬，不知道怎么告诉他我们着急走。

人们喜欢听一些没有意义的小事，因为这会使他们感觉自己重要，一旦孩子有这种感觉，瞧好吧，他们会突然发自内心地想要记住那一天发生在他们身上的事，然后与我们分享。所以，不要只挑重要的地方，只和孩子讨论这些。确保你和每个孩子都说了你今天过得怎么样，不断和他们分享，因为这会让他们产生共情，会强调我们也是人类中的一员。与其他事情相比，这样做会让我们和孩子之间的联系更加紧密,让他们变成"小大人",虽然短暂,但非常重要。

当我和尤瓦尔搬到我在特拉维夫的一间小公寓时,我扔掉了很多记忆。那间公寓太小了,放不下我们相爱前我在生活中一直费劲带着的所有痛苦和渴望。我记得我坐在父母家浴室柜的对面,拿出那个满是灰尘的鞋盒,里面装的全都是妈妈当时给我写的信,然后我把那个鞋盒扔掉了。妈妈却再也无法阻止我扔掉它们了。但如果她在场,她可能会说:"埃纳蒂,留下两三封吧。"时至今日,我依旧很怀念她的笔迹,但她的日常生活却永远留在了我心里。

29

如何与孩子谈"性"

性教育。提及这一话题,除了初中课堂上老师站在人体结构图前给我们讲课的尴尬记忆,我们还能想到什么呢?当我们还是孩子的时候,有谁会和我们谈论这个话题呢?可我们也很好地长大了,不是吗?那么,我们自己能否做到开放地与孩子谈论性、色情作品、性冲动、自慰等话题呢?如果我们不必面对这些问题,而是随着孩子长大,变为有性欲的生物,他们会自然而然地明白这些事情,那一切是不是就简单得多了?

稍停片刻,让我们来想一想"我们也很好地长大了"这件事。从前,与性有关的信息并不像现在这样唾手可得。能遇到的最差的情况也只是,一个在各方面都还是个孩子的女孩可能会在突然遇到与性有关的意想不到的事情时感到慌张和羞耻。但现如今,情况则完全不同,只要轻轻点击一下,大量的信息就会涌入家中,直接被孩子获取——这些信息杂乱无章,未必适合用于教育,甚至没有任何真实的细节。孩子被迫处理这些她在当前的情感层面上无法理解的信息,我们则在看守时睡着,可当孩子在她还无法承担后果的情况下利用了自己的性能力，当她不得不应对同伴压力，不想让同伴认为自己很逊，所以选择随大溜的时候，当她还是个小孩子就加入成熟阵营的时候，我们又会从惊慌失措中醒来。

问题在于，对我们来说，他们好像总是还没到能够谈论性的年龄。我们这样告诉自己，所以才能够不慌不忙，继续用鸟和蜜蜂的语言和他们对话，在电视屏幕上出现亲吻镜头时换频道，或是告诉四岁的孩子，她在卫生间看到的卫生棉条是一种特殊的清洁工具。而事实是，对他们来说，谈论这些事情从来都不会过早。他们必须在很小的时候就能够得到问题真实的答案，这样当他们即将步入青春期的时候，才不会觉得自己应该为此感到羞耻或是想要自己去弄清楚一切。你并不真正希望让互联网或他们朋友的哥哥姐姐来掌控这个话题。你也不能计划着等他们十七岁的时候，你会点上蜡烛，坐下来和他们谈心，由父亲向男孩、母亲向女孩解释他们需要注意些什么和这么做的原因吧。因为和我们的青春期不一样的是，他们已经经历过成千上万次令人困惑的性体验，种类各异，这时候再同他们聊这个话题只会让你感到尴尬，而且你所说的对他们已经无关紧要了。

如果我们在他们小的时候就打好基础，那么等他们到了不再想和我们谈心的年纪，我们和他们的沟通渠道也能够保持畅通。正是在他们还"太小"的时候，我们才能够向他们解释孩子是怎么来到这个世界上的、月经周期是什么、人们什么时候及为什么会拥抱——这就和向他们解释什么是四季、邻居的离婚或者牛奶从哪里来一样。

当他们还小的时候，会出于好奇问我们一些天真的问题，这些问题可能只会让我们感到尴尬，比如：宝宝是怎么到妈妈肚子里的呢？为什么他们要用舌头那样接吻？为什么你的下面有毛？卫生巾是什么？你和爸爸为什么一丝不挂地躺在床上？

起初，他们需要听到我们告诉他们最基本的知识，主要是需要知道他们可以提问，你也会给出答案。一方面，你不需要把事情完完整整地解释给他们听，一两句话就可以了。另一方面，你也不必害怕告诉他们，当爸爸妈妈彼此相爱，想要拥抱，想要宝宝的时候，爸爸的阴茎就会进入妈妈的阴道（顺便说一下，就算妈妈和爸爸不想要宝宝的时候，他们也会在私下里这样做，这个过程就叫"发生性关系"，会给他们带来愉悦）。宝宝是由爸爸的精子和妈妈的卵子结合而成的。所有的精子都会参加一次比赛，看看谁能够率先到达妈妈的卵子那里，而最优秀、最聪明、最有趣也最有天赋的精子将会赢得这场比赛，和卵子结合。

不要害怕告诉他们，你也有不知道的事情，你需要查一查再回来告诉他们答案，也不要害怕问他们："你为什么会这样想呢？"当你解答了他们的问题，正开始讲他们不再感兴趣的事情时，试着感知他们的反应。当他们长大一些后，问他们谈论与性有关的问题会不会让他们觉得尴尬，告诉他们其实你也会觉得有些尴尬，但能够和他们谈论让你尴尬的事情也是件愉快的事。不要忘记他们还没有真正接触这个话题，纯粹是出于好奇才问的，因此大部分情况下感到尴尬的是你。

出乎我们意料的是，无论是小时候你和他们谈论的"我的身体是我自己的""私处""不怀好意的陌生人"等话题，还是等他们到青春期时我们谈到的避孕套、性传播感染、意外怀孕等话题，他们都能很快理解这些提醒和警告。在这方面你的提醒其实就没那么必要了。我们希望教会他们爱护自己身体的每一部分，其中就包括私处。我们希望他们明白待时机成熟时如何自慰，或者一开始只需要知道触摸自己是可以的，这是一件美妙、愉悦的事情，但最好在私下里做这件事（就像我们洗澡或如厕都会在私下里进行一样）。我们必须告诉女孩，女性每个月都会经历一次月经，到时候她会流血，有时会感到不舒服，但这种血是好的，等她长大时，正是因为它，我们才能生孩子、当妈妈。而且，孩子不是由鹳送来的，也不是从肚脐里蹦出来的；孩子来自流血的地方，所以这时流出的血和被割破时流出的血是不一样的，它是代表幸福的血。我们也需要用同样的方式向男孩解释梦遗。

我们希望孩子明白，他们会偶然间在网上看到让他们感到非常害怕的电影，因为他们可能会看到赤身裸体的人在做他们不理解的事情。所以，如果他们在网上搜索动画电影《冰雪奇缘》里的安娜和艾莎，无意中看到赤身裸体的人时，他们应该马上跑来告诉你，而你也要答应会向他们解释这件事情。重要的是，你要用充满爱意和温暖的语气和他们对话，还要使用将来时态："等你长大后，有了自己的另一半，你们也会互相触摸对方，这会是很愉悦的事情（但在此之前，在你长大的过程中，你可能会对此感到恶心，这也是正常的）。"确保让孩子有"这扇大门永远对我敞开"的感觉，你与他们的对话应该让他们觉得：和爸爸妈妈聊任何事都会很有趣；他们从来不会感到尴尬、发愁，也不会阻止我问他们问题，令我觉得羞耻或是让我去问其他人。

请记住，我们的孩子出生于新的时代，我们很难过滤他们在长大成人的道路上接触到的所有内容，因此，重视性行为背后的道德意义是重要的。当他们处于青春期时，重要的是，我们要告诉他们，色情片通常会歪曲现实，抽走整个行为的灵魂，只给我们留下可能会激起性欲但非常不正确的动作。我们要告诉他们，性不是一定要在视觉或听觉上像影片中那样，如果他们想看，那他们可以看，但他们需要记住，他们未来有了伴侣后，并不应该这样做，这件事最棒的部分在于和他们的伴侣共同探索让他们感觉舒服的方式。

重要的是，我们要告诉他们，大多数男孩会有表现焦虑，大多数女孩会有人际关系焦虑，并向他们解释性行为并不是突然发生的，而是一个循序渐进的过程，你甚至可以和他们说，当他们和我们都觉得他们已经准备好上场演出了，但其实他们可能在情感上并没有做好准备，那也没有关系——每个人都会遇到这样的事情。重要的是，我们要告诉他们刚开始实践时，不一定会有愉悦的感受，但如果他们跟着自己身体的感觉走，学会如何和伴侣沟通，那么他们就会表现得越来越好，也会真正体验到愉快的感觉。

重要的是，我们要提醒他们，就像面对喝酒、吸毒这些事情时，我们会受到同伴压力的影响一样，面对性，我们同样会感受到同伴压力。他们不能在自己没有这样的意愿时，或者仅仅是因为有人迫使他们去做，就去亲吻、爱抚或发生性关系。你也可以和他们谈谈，有时他们会对自己的性身份有特别清晰的认知，但有时这种认知也会模糊，他们可能会感到困惑、不断摸索，也可能会感到害怕，压抑自己，这些都是正常的，但他们不要忘记，我们之所以称"性身份"，是因为这是我们身份的一部分。确保你在家中营造出一种开放的氛围，这样每个家庭成员都能够敞开心扉地谈论在他们内心的情感画面中不那么愉快的事情。让你自己成为孩子能够与之愉快聊天的人，聊成功的经历，也聊失败的感受，聊他们了解的事情，也聊他们不了解的事情。

— 30 —

社交雷区

她独自一人从芭蕾舞课上回来，在到家之前一直努力控制着，不让自己哭出来，直到进屋的那一刻，她终于忍不住痛哭起来。一开始，我不知道发生了什么。她脸上因上课沾了灰尘，走回家的路上又出了不少汗，她开始语无伦次地诉说。我递给她一杯水，然后坐在她对面，静静地倾听，让她把痛苦发泄出来，没有问任何问题。原来，她又一次受到了其他女孩的侮辱；这次她们仍然没有意识到她受到了侮辱；她又一次感觉到孤单，尽力让自己忍住，不去在意，融入其中，保持随和。但她还是没有感受到自己被这个群体接纳。当她和其他女孩在同一个群体里时，她们会对她很刻薄——她从幼儿园开始就知道了，当时她有一个外号叫"口水女孩"，是她的一个朋友开玩笑时给她起的，然后幼儿园的其他孩子很快也这么叫她。她之前偶尔会因为轻微的感统失调流口水，几乎察觉不到，可是孩子们能看到一切。因此，他们看到后，几乎每天都会嘲笑她，她承受住了这些嘲笑，内心也变得更加强大。但现在，我勇敢的女孩不再是那个强大的她了，她正在经历一个人在社交圈里所要面对的最复杂的体验——被排挤的体验。

养育一个与自己性格截然相反的孩子真的是件很困难的事。她很固执,而我不是;我常常不知道自己想要什么,却能很快意识到其他人想要什么,然后去满足他们的想法——这一点她跟我相反;她会紧张,我却比较冷静;她总是戏精附体、难以捉摸、瞬间就会发脾气、只关心自己、容易动气、以自我为中心,而且是个青春期的孩子。有时,我会惊慌失措,忘记在她看似与我完全相反的这些表象之下,掩盖着的是一颗温暖又与我极为相似的内心。

我想我应该帮她减轻痛苦,告诉她,她们不值得让她这样生气,给班级里其他女孩的妈妈打电话,她们来我们家里做客时是那么亲切,可聚在一块时却变成了一群捕食者;或许我得给她转学,或是搞清楚她在这次事件中扮演的角色。当她更小的时候,我的想法会清晰很多。我知道我不会介入,我会相信她,让她自己成长并学会承受这些,然后给她一个拥抱和亲吻,事情就结束了。但当我的小姑娘长大一些之后,她的哭声变得不那么可爱了,她遇到的困难更多与我们之间的差异有关,而我不知道自己能否帮到她。而且,谁又能来帮帮我呢?谁能告诉我一切都会过去,她能够渡过难关,明天她会去学校解决这件事呢?谁又能保证她在未来会交到一个好朋友呢?一个就足够了,因为她不需要更多。一个好朋友就能够让她不会独自一人走在回家的路上。谁又能向我保证我教会了她与朋友们和睦相处需要的一切呢?

我听着她的故事,把自己的这些想法暂时搁在一边——我的担忧、对她的同情、对自己的气恼,以及我的悲伤,为自己没能培养出性格随和、不会特别容易动气、知道怎样才能融入群体并满足他人想法的孩子。我把自己掌握的所有教育知识放到一旁,意识到这是她自己的故事，而且发生这种情况已经让她很难过了。她并不是来找我寻求解决方法的；我脑海中想到的所有解决方法终究是我自己的想法，是为我自己考虑的。因此，我提议她先去洗个澡，而我会陪着她。等她洗完澡出来后，我用一条白色的浴巾把她裹了起来，就像她还是我的小婴儿时那样，我亲了亲她，她任凭我这样做，然后拥抱了我。我轻声对她说她很棒，告诉她我有多爱她，明天将会是崭新的一天。我征求她的意见后给她梳头发，告诉她我有多怀念从前给她梳头发的时候。我们回忆起她小时候让我给她梳的傻乎乎的发型，不由得笑了起来。

有时，即便我们没有给他们提供任何特别的建议，甚至在他们面前摆出一副痛苦的样子、对他们感到失望或是批评他们，他们也会理解并学到一些东西，因为这个充满挑战的世界需要谦卑，因为我们可以接受他们本来的样子，并意识到他们还在不断学习。

如果孩子了解自己、了解他们真正具有的特质，那么他们走出家门后也能利用这些特质。所以，暂时收回"我的小公主""我漂亮的孩子""你今天表现得特别好"这些话吧。这样说固然很好，但并不会让他们对自己有清晰的了解。每当他们展现出明显的特质时，你都需要说出这种特质的名称，当他们正在展示这种特质时，你要表现出对此印象特别深刻的样子，这样他们就能把这种特质与自己的做法联系起来。比如："你知道你刚刚做了什么吗？你表现出了你的灵活性。你是个灵活的孩子。灵活性不仅存在于你的身体里，也存在于你的内心中。当你同意和朋友一起玩一个你不想玩的游戏，甚至能够乐在其中时，就表明你具备这种特质。"

还记得之前我们提到的手电筒吗？用手电筒来寻找你认为他们身上可能缺乏的品质。你一定会找到的，因为这些品质就在那里——很小，等着被人发现。当他们懂得分享零食的时候，告诉他们，他们很慷慨；就算他们过了一小时才停止哭泣，告诉他们，他们懂得了如何克服困难；当他们勉强成功邀请到泛泛之交来家中玩的时候，告诉他们，他们已经是好朋友了；当他们敢和服务员要一杯水的时候，告诉他们，他们很勇敢，懂得了如何战胜恐惧。

了解了自己具有哪些优秀的特质后，他们就会更好地去了解它们。你是帮助他们塑造自我形象的人，是指导他们灵魂的内在容器中永远盛放什么品质的人。请记住，当你表现出担忧、生气或是失望情绪的时候，当你对他们说"为什么你在家里接待朋友时总要以争吵结束这一天呢？"或是"为什么你要这么固执？"的时候，你正在做的是从他们身上拿走这些品质，清空他们盛放这些品质的容器。而当他们走出家门，来到越来越有挑战性的社交圈时，他们就会无法应对自己的问题。

如果我知道自己很聪明，那么当其他孩子说"你是傻瓜"的时候，我会有被冒犯的感觉，但我也知道他说的并不是真的。如果我知道自己被爱着，我有与朋友、兄弟姐妹和自己小圈子里的其他孩子相处的美好体验与回忆，那么如果有人不和我一起玩，我也不会觉得是自己创造了孤独，而是知道它只是社会归属感的更广泛体验中的一瞬间。如果我知道自己能够想出创造性的解决方法，那么当出了问题，而我不知道该怎么办的时候，我会记得其实自己能够轻松找到解决办法。如果我清楚我是个知道自己要什么的女孩（固执的女孩），但也知道在必要的时候灵活变通，那么当我面对难以忍受的社会现实，一切没有按照我想要的那样发展时，我知道自己有选择的机会。我不必崩溃，而且如果我可以选择，那么我就知道我随时都能够尝试其他办法。

我们不应该涉足孩子的社交圈——我们只能得到相关的汇报。我们是第一时间站在外面等待着帮助他们的人。当他们因自己的错误或他人的错误而付出代价，而我们又无法控制这种错误时，他们会伤痕累累地回到我们这里。这时，我们需要当一名护理人员，给他们包扎上绷带，涂上一些药膏，治疗他们的伤痛，信任他们和生活，这样他们下次再去外面闯荡的时候，就不会摔倒了，或者就算他们再次摔倒，也不会感到那么疼了，又或者他们会自己尝试用其他办法来解决问题。

31

不要让自己伤心

我们有了孩子之后,就会在心中开启一个写着他名字的房间。这个房间中存放着我们对他最深的祝愿,而愿望清单最上方的就是他不会伤心;他不会经历孤独、丢脸、痛苦的失败与困难;他不会被冒犯;他会走一条轻松的路,对自己的命运感到满意,因为幸福会使他心胸开阔。问题是,每当孩子遭遇分手或困难的时候,我们也会随着他一起伤心。当我们伤心时,我们就不再处在最佳状态,也不再具有足够的敏锐度来满足孩子的需求。

当他们还特别小的时候,我们会因为玩滑梯时大孩子插他们的队而伤心。我们看到我们的小宝贝抬头看着刚刚从他身边走过的孩子,他的人生中第一次经历了不公的待遇,他意识到自己很渺小,除了颤抖着下巴,他什么也做不了。后来,他们有了更加痛苦的体验:"休息时没人和我一起玩。""我学习很努力了,可还是没通过考试。""他发短信和我分手了。""他们不让我加入。""我被放鸽子了。"有多少次你想要开车到侮辱你儿子或对你女儿说她又胖又丑的孩子家中,或是去学校找到那个让他站在全班同学面前，向大家展示他是否完成了家庭作业的老师，敲开他们的大门，告诉他们，他们的行为给你家带来了多么糟糕、严重的影响？因为让我们孩子伤心的人必须对我们和我们被伤到的心负责。

我们错误地认为，伤心会让我们看起来更关心孩子、更具同理心。我们认为，如果我们为他们感到伤心，就会变成更好的父母，因为哪有父母会置身事外，眼看着孩子在痛苦中挣扎呢？但事实上，当我们伤心的时候，孩子是知道的，此时我们在心中为他们打造的房间已不再是他们安全的避风港。就算父母只字不提，父母的伤心却会是孩子经历的最沉重的负担之一。

试想你为了诉苦约一个亲密的朋友见面。试想你正吐露你的痛苦、分享事情并痛哭的时候，坐在你对面的人也很伤心。因为你的故事让她想到了自己，因为你的事情触及了她的软肋，因为她也经历了你故事中的痛苦，所以她也跟着你一起伤心。这时，角色发生了变化。你们不再是提供帮助和接受帮助的关系，只是两个伤心的人。试想当你在安全的诊所中，和一名心理治疗师分享同一个故事，治疗师因为无法隐藏自己不断流露出的情绪而拿起纸巾擦眼泪的场景。

如果我们也伤心的话，往往会伤害前来向我们寻求帮助的人。的确，我们也是人，但我们必须意识到，我们这样做是在增添他们的负担，没有任何意义，我们不能在他们的心还在流血的时候让自己成为受伤的那个人。我们必须就此和自己严肃地谈谈，因为得到同情的孩子也会学着同情自己，而让我们伤心的孩子会反复思考是否应该向我们倾诉他们的苦恼。

被冒犯的男孩能分辨出自己什么时候是痛苦的，伤心的女孩会知道怎样去爱，敏感的孩子也能够提高对他人的敏感度。我们需要在这个世界上寻找一切不去伤心的原因,用善解人意的微笑面对他们遇到的困难,这向他们表明,我们完全理解他们此刻掉入了痛苦、侮辱或丢脸的深渊中,但我们并不是那么担忧。我们的任务是提供这样的观点:知道他们只是在度过一段困难的时期,在很好地成长,经历我们曾经经历过的一切困难。的确,这个过程并不容易,但我们要告诉他们,像世界末日只是他们的感觉。可等他们从深渊中爬出来后——我们毫不怀疑他们可以——他们会有不同的感受,而其他感受、未来等待着他们的美好体验都会治愈这次创伤。日后他们再一次受伤,再一次需要从深渊中爬出来的时候,我们会一直陪伴他们。

在我的心里,有五个写着孩子名字的房间——埃亚勒、约阿夫、利希、罗娜和希拉的房间。在入口处,还有一个房间写着尤瓦尔的名字,因为他是先住进我心里的人。我的心里充满了伤疤、皱纹和痛苦,而所有这些,毫无例外,都让我成为现在的我。所有的失败、伤害和失去都让我更快乐、更坚强,心怀感激和敬畏来面对艰难的人生。

当然,有时我也会问自己,如果我的母亲还在世,如果尤瓦尔的姐姐还和我们在一起,如果我们失去的双胞胎成为我们家庭的一部分,如果我们每个孩子遇到的困难挑战都能够消失不见,那生活会是什么样的呢?我会是什么样的呢?我又会过着怎样的日子呢?但我又想起了在遇到尤瓦尔之前让我伤心的前任,感谢他当时取消了我们的婚礼;想起了我在经历惨痛的失败后,意识到自己并不适合当一名律师,就去学习我喜欢的专业;想起了这么多年来我历经波折把五个孩子带到这个世界上,而正是因为受到的苦难我才成为现在这样的妈妈。我回忆起那些已经离去的人,是他们极为明显的缺席才让我更加珍惜生活中的幸福。

我很清楚我的孩子们经历的困难也间接是我的困难,但我不会弄混我为他们提供帮助的任务和他们自己解决问题的过程。我的心始终守护着他们每个人的房间,因此我不会感到伤心。我希望他们承受痛苦的同时也能享受幸福,面对失败的同时也能获得成功,从伤疤中得到启发,在痛苦中强大自己,而我不会让自己为他们伤心,一分钟都不会。

32

如何保护孩子远离"坏朋友"

当孩子还很小的时候,他们带着家庭印刻在他们心中的个人逻辑,开启前往社交圈的初次探险。他们的逻辑注定会与在其他家庭中形成的、与他们完全不同的各种个人逻辑相互碰撞,这种社交过程是令人兴奋的、迷人的、痛苦的、愉快的,而且最重要的是它不可避免。这也是他们的人生会面临的最复杂的任务之一。

在社会丛林中,有美景和树荫,有捕食者,也有自由的感觉;有香甜的水果,也有有毒的蘑菇,我们的孩子不得不进入这片丛林体验与学习。社会学习的过程是循序渐进的,有着各种各样的细微差别,这也是他们最终会穿过这片丛林的原因——丛林永远不会战胜他们。而我们的任务是成为他们电影的旁白,把他们在丛林中与其他人的互动转化为情绪的语言。比如说:"其他孩子让你做你不想做的事情是非常令人不快的。一方面,你不想对他们说不,另一方面,你的内心告诉自己,你真的不想做这件事。所以,你应该怎么办呢?"

另一个孩子对我们的孩子造成伤害后,如果我们不准他们再与这个孩子交往（"好了——你不能再见他了"），或是提供不一定符合孩子个性的建议（"告诉她你不能再和她一起玩了"），那么我们就是在把他们留在没有水源的丛林里。我们"明智"的建议和孩子在丛林生活中所表现出的个性之间存在着很大的差距，而这可能会让孩子得出很多错误的结论，比如："如果爸爸妈妈觉得这个孩子对我很不好，但当他不伤害我的时候，和他在一起玩又很有意思，那么我只要不告诉爸爸妈妈我还在和他一起玩或者他让我困扰就好了，这样他们就不会失望了。"

我们也常常会想到未来——当孩子还在上幼儿园的时候，我们就已经在想他们结婚以后的事情了。他们还有很长的一段路要走，而且他们不能依赖我们提供的指南在丛林中生存，以帮助他们获得辨别能力——辨别对他们有益的友情、时而愉快时而不愉快的友情、完全失控且很不愉快的友情。他们需要不断体验丛林世界并从中学习。作为旁白者，我们给出的解释不能让他们太过焦虑，也不能过度保护他们，而且需要考虑到他们还是小孩子的事实。我们的旁白既需要解释他们现在遇到的情况，又需要陪伴他们完成学习过程。

不要只是因为你不喜欢一个孩子就让你的孩子疏远他。相反，你要感激自己的孩子遇到了这个孩子，这样他们就可以通过对方来了解自己。

对身边所有人都颐指气使的那个女孩；只在我们单独在一起时表现友好，而其他人到来后就离我而去的那个孩子；总说我的好话，但我却经常忽略的那个女孩；总是不理我，我却还是想围在他周围的那个刻薄的孩子——在与他们相处的过程中我所积累的这些经验是我通往自己未来婚姻的道路上必须经过的站点。

如果你把自己极其悲观的未来愿景暂时放到一旁，那么你就能够更好地担任孩子电影的旁白，理解电影的复杂性，而不是试图去模糊它。当孩子意识到当时的情形不适合他们勇敢地说出自己的心声，或是为别人的利益表现出灵活性时，你可以给予他们鼓励。这样的话，孩子会认为你是公正的，愿意和你分享他们复杂的经历，知道你可以接受藏在他们心中的愿望：和班里最吵闹的孩子做好朋友（因为他们有点古怪）、成为班里第二个"皇后"（因为他们并不十分适合当"皇后"）或是和比他们弱的人打一架（这样能让他们觉得自己很强壮）。他们最好一次又一次地经历这些事和很多其他事，这样他们就能够更了解自己，能够信心满满地在社交的丛林中穿梭。

我们能够做的是鼓励孩子们发展互惠关系。这里有个值得记住的迷人又简单的道理：在一段关系中，如果一方不是只考虑自己的幸福，而是也为另一方的幸福着想，而且双方为对方的幸福承担同等的责任，那么人际关系这个神奇的方程式就会迎刃而解。所以，每当你的孩子发现这些关系能够给予他们尊重，不会向他们提出实现不了的条件，既能够让他们保持最佳状态，又能够在他们没有达到最佳状态时支持他们，你可以向他们解释，这段关系让他们感觉舒服并不是因为他们和朋友在一起时没有打架，也不是因为他们很相似，而是因为他们之间拥有相互尊重和平等的契约，所以他们在这段关系中才成了好朋友。

当你以鼓励的方式和孩子对话时，他们会更愿意倾听。所以，不要和孩子说："他当然是在冒犯你。等着吧，这仅仅是个开始。你只能从痛苦中获得教训。"试着从这段关系中找到你喜欢的地方，然后强调它们："你能有一个愿意让步，在你伤心的时候愿意伴你左右的朋友真的是太棒了！这就叫作好朋友。""虽然你觉得自己可能也想这么做，但你还是告诉了你的朋友你不想和他一起扔石头，我特别敬佩你。这说明你能够毫无顾虑地和他说不。"有时候，你可以利用机会跟他们解释真正重要的事情是什么，但并不是和他们坐下来特意去聊——你应该把这些事情融入日常的对话，和他们分享你自己的社交经历，或者和他们强调，就算在最不愉快的社交互动中，他们还是意识到了正确的想法或行为，通过这样的方式间接鼓励他们（当然，你也得忽略他们同时犯下的很多其他错误）。

在这些重要的事情中，以下几点可能是你想要强调的。

◎不停指责你的朋友并不值得你交往。不要让自己陷入一段大部分时间都在被指责的关系中。指责慢慢积累，你会感到不愉快。

◎如果你和某人是朋友关系，可是身边的人都对你们的关系感到疑惑，不仅是你的父母，其他朋友也是如此，那么你应该仔细想想，可能大家的想法是对的。

◎如果你想要和不那么想跟你交朋友的人成为朋友，这就是一个警告标志。

◎如果只有当你和朋友单独在一起时，她才对你很友善，但当其他孩子也和你们在一起时，她的行为就变了，那你会感到十分疑惑，有被冒犯的感觉。问问你自己，是什么让她改变了她的行为，看看这种行为方式是否仍能让你觉得和她亲近。

◎有时，因为害怕孤独（特别是在青春期），你可能会选择不值得交往的伙伴。我们不会干涉你的选择，也不会替你做选择，但如果一段关系从你那里索取的要比它给予你的多得多，那么你就需要当心了。一段总是让你感到自卑的关系是不值得你仅仅为了摆脱孤独而选择的。而且，它会阻止你去寻找令人兴奋的、有趣的新关系，这种新关系会带给你新的感受。

◎一切都需要时间。即便是我们，你的爸爸妈妈，告诉你我们在十四岁的时候相识，也并不意味着你必须有同样的经历。

◎你可以拥有不同类型的友情——和你一起出门的朋友，当你心情不好时可以打电话的朋友，和你一起为考试复习的朋友。即便你希望每段友情都有所不同，但你能够在每一段友情中都找到适合你的事情，你永远不允许别人对你说的事情，以及你可以忍受的事情。

— 33 —

霸凌是容忍的底线

中午,我踏上了校车,即将面对我人生中最耻辱的一刻。这辆黄色校车上坐着十三岁的我和其他不同年纪的天真的孩子。目的地:从学校回家。目标:挺过这段旅程,在校车恶霸沙哈夫的魔爪下求生。每天,我都要熬过这段旅程,来回各一次。无论我坐在哪里,他总是能找到我,虽然没有过分的举动,但也足以使我惶恐不已。他会坐在我后面,向我的耳朵里吹气;坐在我身旁,抢走我的书包,来回扔给他的朋友。沙哈夫和他的朋友是八年级学生,他们都长得特别高,总是心情很好的样子,会嘲笑我,有时还会在校车后排像恐怖电影里演的那样低声叫我的名字。我能做的只是低着头,眼睛盯着校车的地板。我的身体能感知到车开了多远。车门打开后,我第一个跳下车。我总会随身带着在家里准备好的一袋肥皂。当我顾着用手揉搓这袋肥皂时,我的注意力就会集中在上面,也就更能忍受内心的恐惧。

那天,我下了车,穿过篮球场走回家。我听见沙哈夫和他那些快乐的朋友就在我的身后。我记得当时我的右手紧攥着肥皂袋子,因为攥得太用力，袋子突然破了，肥皂水洒在了球场上，我的裤子也被弄湿了。几秒钟后，他们几个就围住了我，仿佛我是过生日的女孩，正在篮球场上庆祝自己告别纯真年代。沙哈夫走近我，低声说道："我可以对你尿裤子的事视而不见，但你尿在了我们的篮球场上，这我可就忍不了了。明早，你带着拖把和水桶，来把篮球场弄干净。如果你能打扫干净，我可以忘记刚刚发生的这件倒霉事，听清楚了吗？"我听得非常清楚。

第二天早上，我很早就起床了。趁爸爸妈妈还在睡觉，我从阳台拿走了水桶和拖把，把水桶装满温水，这让我想起舒服的热水澡。然后，我出发去篮球场。很快，我就拖好了地，还故意留下了一些水坑，这样他们就能知道我已经履行了之前的承诺。在大家起床前我回到家，把水桶和拖把放回原处，然后回到床上，等着妈妈叫我起床，尽力假装这个早晨和平时没有什么两样。

在父母的愿望清单中，除了希望孩子健康、在社交圈找到属于自己的位置、遇到真爱，还有其他种种愿望，我们还应该加入清单的是——"上帝，请保佑我的孩子不会受到霸凌。"如果我们仍旧使用前一章的丛林意象，那么真正的危险并非深深的沼泽、带刺的荨麻，甚至不是凶猛的动物，而是老虎张着血盆大口缓缓靠近的瞬间。在这个瞬间，我们有责任去守护我们的孩子，指明前路上的危险。

孩子总会在社交圈遭遇霸凌，但在校园内偶然遇到恶霸和经常遇到同一个恶霸，被笼罩在威胁的阴影下，成为特定的受害者，每天都被欺负的情况是截然不同的。这种欺凌行为不一定会特别恶劣。如果单独讨论，可能每次欺凌行为看起来都像是学校生活的常态：轻拍你颈后，下楼梯时伸腿绊你，你铅笔盒里消失的卷笔刀突然被扔来扔去，给你起触及痛处的侮辱性绰号，每当你走进教室里时都发出"滑稽"的声音，堵住卫生间的入口，甚至只是被动地跟着你在走廊上走。

如果你的孩子之前从来没有遇到过这样无休止的霸凌，他会尝试在另一个孩子的阴影下生存，而这个孩子会觉得这些持续性的霸凌行为很有趣。他不会总把这些事情告诉你，大部分情况下，他会自责、感到难为情，或是担心你的反应。他可能经常会不想去上学。如果你早上看着他走进校园，可能会注意到他走路的方式和平时不同，有时会走得很快，也许会显得更难过，而且他的视线会特别集中，而不是看向四周，好像害怕会遇到它——他每天的噩梦。

这种来自同一个人、每天都发生、日积月累、羞辱性的反复霸凌——没有人应该独自面对，就算是成年人也不行。这种霸凌代表着威胁的存在，我们需要帮助孩子摆脱这种状况，就如同当他还没学会游泳时，我们能够纵身跃入深水去救他一样。当恶霸已经盯上了你的孩子时，我们和孩子在处理偶然发生的霸凌行为时觉得还不错的建议——告诉老师、反驳、无视、置之不理——都毫无作用，往往还会让事情变得更糟糕，因为恶霸哪儿也不会去，而受害者——我们的孩子只想消失，不想待在那里。所以，不同于其他很多你最好置身事外的场合，此时你需要释放出心中那头具有保护欲的雌狮，变成直升机，进入孩子的社交圈，帮他们扫除障碍。

几乎每个孩子都或多或少会经历偶然发生的霸凌行为，对此我们可以与孩子进行沟通，因为让他们具备应对这种情况的能力不失为一个很好的办法。以下是在他们正面遇到霸凌行为前，应该了解的关于霸凌和他们自己的一些真相。

◎恶霸需要有受害者才能成为恶霸。如果你不做受害者，那么他就无法继续当恶霸了。不做受害者是什么意思呢？当他侮辱你时，你可以一笑了之，可以无视他，可以叫来一个朋友，和他聊聊你昨天开始看的电视剧。你可以自己哼一首歌，或许可以问问恶霸他今天过得如何，作为对他说的话或做的事的回应。你还可以想出许许多多创造性的解决方法（问孩子问题也是个好办法——帮助他们从这种情况中抽离出来，让他们想象如果这种情况发生在另一个孩子身上，他们会给这个孩子提供什么样的建议）。

◎重要的是要让孩子记得，欺负人的孩子往往是不幸的，因为在生活中一定有人用如此恶劣的方式对待他，而为了减轻痛苦，他也会以同样的方式行事，但自己却没有意识到。我们经常会误以为霸凌行为是力量的象征，但事实上，这是一种极为软弱的表现，而让我们的孩子意识到这一点也很重要。

◎我们经常会在社交媒体关于校园霸凌的描述中看到"语言是一把利刃"这种说法。重要的是要记住，语言只具有我们赋予它的力量，而我们不能给予霸凌的语言以力量。可以告诉你的孩子，当霸凌发生时，他们要告诉自己，记住这些不过是语言而已。

◎以友好的态度对待恶霸听起来像个疯狂的想法，但事实是，我们能给孩子讲述的最好的故事是这样的：等交通信号灯时，有一个人停在我们旁边，挥舞着他的双手说了一些让人不愉快的话，甚至有些吓到了我们，而我们决定打开窗户回应他。"你知道我们说了什么吗？我们和他说：'祝你拥有美好的一天！'"

34

聊聊有关"狼"的事

我亲爱的女孩,我们已经养育了你九年时间。在这期间,我们看到了你身上的优点,你也由此学会了看到自己的优点;我们用宽容和理解接受了你的错误,因此你也知道了,当你觉得自己无法做到承诺的事情时,最大的乐趣在于进步、学习和总结经验。我们礼貌待你,以此教会你礼貌待人;我们让你看到我们会对弱者致以微笑,以宽容的态度对待别人的挑衅,对他人的行为做出善意的解释,即便他们的行事方式与我们的完全不同,从而教你如何善待他人。

自打你出生已经九年了,我们看得出来,我们和你说清楚界限之后,你总是能够满足我们的期待,了解其他人不能做和你可以做的事,意识到自己的界限,诉说开心和不开心的事;在需要时争辩,必要时遵从,而且重要的是,你能够发觉不公正或不道德的事情并大声说出来。现在我觉得,虽然你才九岁,但我必须和你聊聊有关男性和女性的事情,聊聊你在新闻里看到的事情,聊聊哪怕对我们大人来说也困惑不清的话题,这个话题就是"骚扰"。

"骚扰"这个话题让我们面对复杂的人生任务,比如,建立自尊，划清界限，找寻你内心的真实，最重要的是，知道遇到"狼"时怎么办。是的，就像《小红帽》里她被告诫要警惕的狼一样。他狡猾地打扮成小红帽的外婆，伪装成其他人，就是为了把小红帽吃掉。我告诉我的女儿，在有些场合下，你必须提高警惕，了解你自己，了解世界上的善与恶。

为什么你只有九岁，我就要和你谈骚扰这件事呢？事实上，无论多大，你都可以或是应该讨论不愉快的事情，而且作为母亲，我更愿意和你聊一些并不容易讨论的事情。爸爸和我永远会认为你还很小，永远会觉得我们需要保护你，也永远会让你觉得这个世界是美好而安全的。这就是为什么这次谈话对我们来说很困难，不管是在你九岁、六岁还是十三岁时和你聊这件事，并没有什么不同。重要的是，这次谈话的目的是让你能够轻松地接受这些复杂的信息。不要担心，我知道随着时间的推移，我们能够从不同的角度来聊这件事，而我只需要强调这次谈话的重要性，这样当你日后需要之时就能够来问我们了。随着你慢慢长大，我们对这个话题的谈论也会越来越多，你会逐渐意识到这件事多么重要，我说的话多么有用。

我知道，你已经懂得如何认出狼了。当你还小的时候，我们和你解释过，有些人得了一种没有显露在外的病，他们的心和灵魂生病了，有时他们会试图做一些让你逃跑或是马上呼叫看管的大人的事。我们已经告诉过你，如果放学时有人邀请你搭他的车回家，你一定不能上车。我们也解释过，你的身体是属于你自己的，在幼儿园你也学到了同样重要的一课——别人不能触碰你的身体。即便你不愿意，我们也要你亲亲爷爷（或外公）时，你可能会感到有些困惑，我们甚至还会说："你没坐在爷爷（或外公）腿上，看看他多伤心呀。"我们在这件事上可能犯了一点错误，我们本该让你感觉到，即便是和亲近的人、和爸爸在一起时，你也真的完全清楚自己和他人的界限，自己想做和不想做的事。

现在，有时候你会和我们一起看新闻，听我们和周围人谈话，可能是时候和你聊聊那些善于伪装、让人很难辨认的狼了。我和你聊这件事是想让你知道，在这个家中我们可以聊所有事情。因为当你不去聊某一话题时，这个话题有时候会被理解为羞耻之事，而当你觉得某件事让你感到羞耻时，通常是因为你在想"我自己有什么问题"或者认为谈论某些事情是不好的。这样一来，一旦发生某些事情后，你就会把它们藏在心里，不让其他人知道。所以请记住，偶尔我们会和你聊些让你有点尴尬的事情，这些事情对我们来说也会有点尴尬，但我们想要尽我们所能教会你一些道理，因此我们必须和你谈谈有关善于伪装的狼的事情。

这件事与你无关

首先，你应该明白，狼要吃掉小红帽这件事与小红帽穿的红裙子无关。永远不要认为你的长相、你的行为方式、你的自信、你的短裙，甚至你表现出的开放态度，是你熟悉或不熟悉的人，比如老师或导师、熟人或老板（当你长大后），认为他们可以触摸你、拥抱你或和你发生性关系（当你长大后）的原因。如果你发现有人对你提出不妥的要求，比如"我们拉手吧""为什么你不过来坐到我的腿上呢？""让我抚摸你的头发吧"或是"让我摸摸你的身体吧"，这并不是你的错。如果你能记住这件事与你无关，只与对方和他们的解读方式有关的话，你就会更容易明白，这件事没什么可羞耻的，而且无论你做什么或是说什么，都没有给予任何人权利来对你做你不想做的事情。

有时需要花些时间才能弄清其中究竟

小红帽问了"外婆"很多问题，像是"为什么你的眼睛这么大呀？""为什么你的耳朵这么大呀？"等，这是有原因的。有时，尤其是面对和我们亲近的人时，我们需要花些时间才能判断出他们是狼，而不是穿着睡衣躺在床上的外婆。敢于说出"事情有些不对劲"也需要很大的勇气。你必须先要对自己说出这句话，然后畏惧通常会反驳你："如果我说不，他生气了怎么办？""如果我大喊出'狼'，结果这个人并不是狼怎么办？""他说，如果我告诉其他人，我就会拿不到高分。""或许这一切都是我的想象，我只要跟着做就好了？因为爸爸妈妈总是说，有时我需要做些不那么有趣的事情才能成功。"这时，你必须战胜自己怦怦跳的心脏、畏惧和困惑，意识到要不惜任何代价争取自己做决定的自由。有时，你可能会在犯了错误或者让某人做了让你感觉不对劲的事情之后才能意识到这一点——记住，这也是正常的，认识到自己的界限、重新判断自己之前判断失误的事情，永远都不会晚。寻求建议或是把这件事告诉我和爸爸也永远不会迟。

你必须勇敢起来

当你遇到感觉不对劲的事情，有时需要勇敢，采取极端的行动。就像你还在上幼儿园时我们教你的一样——如果有人说了或做了让你不愉快的事情，即便这个人是你的朋友，你也要说："够了！不要这样了！我不喜欢这样。"当你学会这样做时，如果这种方法没有起到效果，你随时可以告诉我们或者老师。当然，你同样需要有足够的勇气才能对比你大或强壮的人说出："够了！不要这样了！这样做不好！"有时，对方会停下来，但你仍会感到奇怪或不舒服，你需要把这件事告诉你的朋友、告诉我或是你信任的其他成年人，因为当你们聊这件事的时候，可以一起思考对付狼的最好方法。有时，你可能会付出代价，像是感到羞耻或违背承诺，但你只需要知道你正在做的是正确的事。

狼其实很弱小

虽然你可能觉得这些人能够吃掉你，他们比你大、比你强壮，但你需要记住的是，真正强大的人不必使用蛮力、承诺或尖利的牙齿来让你爱他们，和他们一起做什么事，亲吻或触摸他们。真正强大的人会询问你，征求你的同意，确认你是否可以接受，强大的人也不必伪装成外婆的样子或是威胁你不要告诉其他人。而这些都是狼弱小的体现。

亲爱的孩子，记住你了解的事情，记住就算生活创造了很多不可能，你也总会有选择，选择权永远在你自己手中。记住，有时候你的身体会比你的大脑更清楚状况，害怕狼是正常的，但不要选择屈服于狼。不要让狼动摇你对自己的信心，对我们生活的这个美好的世界，这个存在着好人、正义、道德、界限和互相尊重的世界的信心。深呼吸，把好吃的都装在篮子里，去探望你生病的外婆吧。努力认出狼的样子，与他们周旋，提醒别人他们的存在，这些都是勇敢的表现，而你，我的孩子，是个勇敢的人。

35

教育男孩远离性骚扰

为人父母,我们有各种各样关于教育的希望和愿景。我们清楚自己想要培养出有道德的孩子——他们自信,懂得明辨是非,知道怎样处理挫折与困难,能够警惕可能伤害他们的人,但同时也信任人与人之间的关系。我们几乎会和他们解释所有话题、解决所有难题,但并不会在家里和他们讨论有关性、夫妻、亲密关系和求爱等话题。毕竟,我们没法很自然地和孩子谈论这些事情,而且当我们还是孩子的时候,我们的父母也没有和我们详细地聊过这些话题。老实说,光是想象这样的谈话就足以让我们感到恐惧。所以,我们会让我们的孩子带着有关变态的警告进入这个世界,并希望他们成为好人,好好地对待他们未来的伴侣。

上帝会帮助那些在两性之间的相互尊重这一话题上没有制定教育方案的父母。当孩子长大,投身到亲密关系的战场上时,他们常常会遇到利益冲突,发出相互矛盾的信号:我想做的事情她不想做;她想要聊天,而我想要身体接触;她暗示了什么,但是我误解了;她想要让关系更进一步,但我还没有准备好。而所有这些都与以理性的方式激发的荷尔蒙冲动混合在一起。除了让他们在家中看到良好的夫妻关系形象，我们还要让他们拥有我们的一套价值观，确保这些价值观植根于他们内心深处，而且他们在需要的时候会来找我们寻求帮助。如果我们能够鼓起勇气去谈论这个话题，当出现问题时，他们就可能会向我们求助。每个父母都有义务按照自己的价值观、处事风格和开放程度，和孩子谈谈他们的世界观和在重要话题上的立场。

所以，当他三岁和妹妹一起洗澡时，我们会教育他，如果他想要和妹妹挠痒嬉闹，他需要先问问这样做是否可以或是这样做对她好不好。当她四岁时，做得最快的事情就是穿脱衣服，这时我们会问她，要不要我们帮她脱下衬衫，还是她想要自己来，我们的亲吻或拥抱是否让她感到愉快，还是她希望我们不要这样做。当他们七岁时，我们会和他们聊聊宝宝是怎么到这个世界上来的，我们会提到爱情、愉悦感以及双方的意愿。当他们十二岁，和我们一起看新闻时，我们可以就电视上报道的性骚扰事件和他们聊几句，不必强调这件事有多么可怕和糟糕，而是要告诉他们这件事会令人感到很困惑，但他们不应该感到困惑，而且比起假设对方可以接受某件事，事先询问其意见总会更好。当我们问他们有关女孩或男孩的事情时，不会只问她长得怎么样，他是个什么样的学生，她姓什么这样的问题，也会问他们，她的表情告诉了他什么信息，他是否懂得如何倾听她的话，我们也会和他们解释专注在情侣关系中的重要性：学会倾听言语信息和非言语信息、表情、情绪和需求。

所以，亲爱的男孩，我知道你们现在还年轻，还没有感受到遇到真爱时那种特别的心跳。但是，你们的身体和荷尔蒙已经开始让你们感到迷惑了，因此，你们需要注意，知道有时自己会不清楚哪些事能不能做、什么事会对你有用,什么事会带来问题。

你的身体会感到一种美好、从未有过的性唤起,它会把你带去奇妙、令人愉快的地方,但也能让你陷入耻辱的黑暗之中。我知道你在很小的时候,就已经听我说过这样的话了,但可能其他父母还没有把这些重要信息传递给他们青春期的孩子,而我所说的会帮他们意识到,这件事情与教孩子礼貌、道路安全、财务规划和助人为乐同样重要。下面我们开始吧。

你也想要发展一段恋爱关系

女孩用性行为确定和享受恋爱关系,男孩利用恋爱关系获得性。

不幸的是,这是你在青春期时就会遇到的现实情况:男孩会在一起谈论自己的恋爱进展到了哪一步,女孩会互相耳语,聊她们和自己喜欢的人相爱的概率。但事实并不一定要这样。你跟女孩进行的有关外表或性方面的交流不仅可能成为开始你们恋爱关系的邀请函,还会成为你们对性接触共同的兴趣。不要成为炫耀自己有多少次性经历、与哪些女孩发生过性关系的人,或是加入哪个女孩在性方面开放、哪个女孩不值得浪费时间的讨论中。因为你也想要发展一段恋爱关系,所以思考你想要达到的尺度。当你处于一段拥有爱与互惠、友情与快乐、关心与相互给予的关系时,我保证,此时发生的性行为会比随意与一个对此不感兴趣、可能事后也不快乐的女孩发生的性行为好一千倍。所以,你最好只是自慰,或至少与你未来的伴侣就此事谈一谈,这样你才能确认你们两个人是否都有相同的期待。

只在你愿意并准备好的时候发生性行为

这件事需要时间和练习，一开始，谁都无法保证这一经历会令人非常愉悦。不要仅仅因为男孩们在一起吹牛，因为你觉得这件事应该有个了结，或是因为到了该去做这件事的时候而备受压力，就去经历这件事。有时，男孩之间的"谈话"只是说说而已；有时，你只是想象除你以外的其他人都已经做过了这件事。相信我，未来你还有好多年可以享受性生活，所以不要急于做这件事。爱抚、亲吻、牵手——这些都能让你们感到亲密。而日后当你与一位真正的女性相遇，你也真的在意她时，你会发现，她会非常喜欢你现在正在练习的这些与性有关的事情。这叫作浪漫，对女性来说，这很容易激起性欲。

不要给她惊喜

除非是首饰或一束花，否则不要给她惊喜。一定要先询问对方的意见。最糟糕的情况是她说不可以，更糟糕的情况是你正开始亲她时被一把推开。正如我之前教你在进别人家之前需要先敲门一样，你也不可以不征求对方的意见就闯入一个女性的身体。你可能在电影中看过这样的场景，或者有朋友告诉过你，他把手放在那里或突然亲吻女生是件特别酷的事情，但事实上这样一点也不酷。甚至是当你第一次想要和女孩牵手的时候，你也要征得她的同意，如果你没有明确地问她，可以用你的手指试探着靠近她的手指，如果她同意了，那么其他的手指会在双方都愿意的情况下自然地紧扣在一起。事先征得同意是关键！

彼此要负责让对方快乐

你要负责让她快乐，而她也要负责让你快乐。这绝对是相互的，也是"做爱"真正的方式。因为如果我们生活在每个人都只优先考虑自己需求的世界上，那么就不会存在真正的互惠、共情和信任。总的来说，如果每个人都能利用自己的选择和能力充实他生命中重要的人的生活，同时这个重要的人也能充实他的生活，为他提供帮助的话，那么这个世界会变得更美好。所以，当你亲吻她的时候，偶尔睁开眼睛看看她是否享受这个过程；当你想要尝试新事物时，先问问她能否接受；如果她的嘴唇或身体正在说不，那么这件事就不值得你去做，因为片刻的愉悦感不值得你去伤害别人。即便她没有哭，也没有推开你，也并不代表她没有被伤害。

36

我的小可爱去哪儿了？

就在不久以前，她还在问我："妈妈，我能吃一块巧克力布丁吗？""妈妈，我可以去朋友家吗？""妈妈，我今晚能熬夜吗？"就在不久以前，我还可以对她说不，解释不能这么做的原因，控制住她沮丧的情绪或只是开个愚蠢的玩笑。孩子的表现时好时坏，但主要取决于我——由我的专注和耐心程度决定。当他们表现不好时，我会自责，为此感到痛苦，并向自己保证明天我会控制得更好。当他们年纪尚小，还没我高的时候，这件事是多么容易做到呀。

有时我会想，当他们长得比我高的时候，一切就都变了。他们再也不会问"妈妈，我可以吗？"，而是直接打开冰箱、和朋友见面、熬夜。我到底是什么时候和这些"室友"签订了租约？为什么现在我要在冰箱里的最后一块巧克力布丁上留下字条，写上"别碰，这是给你的小妹妹留的。如果你吃了这块，之后就没有你的那份了——妈妈"？这些日子，我没有时间去关心自己，甚至在夜里，辛苦了一天之后，我发现也很难想到第二天事情该怎么解决。

相反，我的心脏因为刚刚和那个已经是半个大人的孩子吵了一架而剧烈地跳动着，他嘴上说着刺耳的话，我气得忘了他还只是个孩子。虽然他十五岁了，但还是个孩子。

当他五岁的时候，我很容易就能够原谅他，而现在就困难多了。第二天早上太阳升起后，我必须把这件事翻篇。他不会穿着洗过澡后我给他穿上的可爱睡衣醒来，而是前一晚自己决定不洗澡后，今早穿着内裤醒来；他不会在清晨向我露出四岁男孩灿烂的笑容——那个笑容曾有让整个宇宙都开怀的力量，现在他只会冲着我，冲着闹钟、学校和生活咆哮。我也不会再给他的伤口扎上绷带，不会再替他保守他非常害怕的事情的秘密；他会和朋友们一起开怀大笑，而不是和我；他不会再跟着我在房间里四处转悠；当我想要拥抱他时，他不会再投入我的怀抱，也不会再问"妈妈，你生气了吗？"。

养育青少年是个复杂的任务。等你终于破译了幼年孩子的操作系统，在育儿方面有了些经验，了解了一些事情后——操作系统突然间发生了更改，而我们并没有更新到最新的版本，我们落后了，还在用对待婴儿的方式回应他们，但其实我们的孩子现在正在和我们、和他们自己、和这个世界使用一种完全不同的语言。

伴随青春期而来的是独立的人生使命。如果你能够成功更新系统版本，完全理解现在的操作系统，那么你对他们来说依然重要。如果你无法理解这个操作系统，你会发现自己为了恢复控制权和重要性，不断地打一场必败之战。在这场战争中，所有人都遍体鳞伤。这是因为你读不懂地图，也是因为他们会反抗，不理你，而是去找他们的朋友，发现自己并将自己重新塑造为自主、独立的延伸个体，感觉在这个世界上会有人真正理解他们，理解在神经与荷尔蒙的作用下的青春期的疯狂行为。

所以，深呼吸，然后意识到在他们眼中，你依然重要，只是你的重要性不再像之前那样。你会觉得现在和从前不一样了，当然他们也不会努力让你感受到自己的重要性，因为他们正在忙着自己的事情。此时，为人父母最重要的一项任务就是不要感到困惑，即便正在上演的场景令人感到非常困惑：虽然他们的外貌和谈吐都像成年人，但他们还是孩子。你需要做的是坚持下去，不要放弃。

我所说的"不要放弃"是指当涉及学业、无礼的言行或是把鞋放在客厅这样的事情时，你不应该妥协。我想说的是，你应该继续让他们觉得他们对你来说很重要，再找到各种创造性的方法保持你在他们心中的重要地位。因为在他们三岁的时候，如果他们突然要脾气，赖在地上不肯走，你或许能够理解他们还在发育阶段，知道他们的行为并不是针对你，你会拥抱或同情他们，等他们冷静下来后原谅他们，并给予鼓励。但是，如果他们在十五岁的时候做出同样的事情，只是没有赖在地上哭，而是用冷酷和憎恶的眼神看向你，这种行为就让你有些难以理解了。然后，你感觉自己受伤了，所以没有经过仔细思考就做出了严厉或刻薄的反应。你特别担心自己养育了一个野孩子，感觉自己急需纠正他的行为，而不是在你做出反应之前纠正自己的想法。

我们当然不应该给孩子他们想要的一切，但我们应该意识到，我们做出的反应是因为我们内心觉得自己正在孩子心中失去重要地位而拉响的警报：

"你不能那样对我说话"：侮辱，失去重要地位；"你不能想做什么就做什么"：控制，失去重要地位；"如果你这么做，就要承担后果"：报复，失去重要地位。

当你和正在气头上的青少年打交道时，记住他们现在应该生气。这是很正常的，这并不意味着你的养育方式是失败的，也不是说他们抛弃了你。你需要做的是看着他们的眼睛，深呼吸，提醒他们你有多么爱他们，理解他们发火的缘由，甚至同意他们的一些观点（尽管他们并没有用十分礼貌的方式说出来），承认你在青春期时也觉得父母很讨厌的事实。

如果你没有表现出惊慌失措，他们也不会那么惊慌（即便他们的怒气没有减少。毕竟，对青春期的他们来说，这是再平常不过的）。提醒他们，也提醒你自己，明天又是新的一天。当明天到来时，跟在他们后面，清楚地告诉他们，他们对这个家来说很重要。敲敲他们房间的门，看看他们这一天过得怎么样，学校里发生了什么；做些他们爱吃的食物，不要在饭桌上忽视他们的存在，问问他们对政治观点的看法，和他们讲讲自己工作上发生的事情。他们其实比他们能够或愿意想象的更需要我们。他们需要我们看到他们正在经历困难、承受压力，需要我们用和善的眼神看看他们，表现出对他们的兴趣，征求他们的建议，和他们分享生活、一起开怀大笑，和他们讨论为什么一定要上学，和他们讲述我们童年和青少年时期的经历，告诉他们我们请求他们守口如瓶的小秘密。

然后你会发现，在孩子这个年纪，关于父母在其心中重要性的故事是件苦差事，辛苦却有回报。因为早上起床时，他们可能不会像之前一样可爱、惹人喜爱、让人想要拥抱，但他们还是会像之前一样起床，像之前一样需要你，而你也同样需要他们。这或许能让你觉得自己足够重要，安心地度过又一天。

— 37 —

当孩子成为我们凌乱的抽屉时

我家的厨房里有一个凌乱的抽屉,我打赌你也有一个。每当我打开它时,就会看到里面放着的宣传单、电费单、别针、太阳镜、可爱但毫无用处的小马口铁罐、曾经用过的过期药、坏了的充电器、电池、粘在抽屉底板上的润喉糖、生日贺卡、老照片、时间久远的婚礼请柬,以及其他很多能够证明我作为一名成年人,在私人领域功能紊乱的证据。

厨房抽屉并不是个例。储藏室中的袋子、孩子的一整面衣橱差不多也是这样。是的,我是埃纳特,我可以生活在存在着这样的抽屉的世界里。你只要把抽屉关上,擦擦厨房柜台,洗洗盘子,自己感觉不错就好了。

但有件小事总是困扰着我。每当我打开抽屉,或是把装着护目镜和泳池毛巾的袋子放进去储存时,我都会有父母正在注视着我的感觉。我感觉母亲的眼神在说:"你说过多少次要把这些乱七八糟的东西收拾好?为什么一切都是从外表看十分完美,但隐藏在外表之下的却是一团糟?为什么你不能用打理自己外表四分之一的时间来打扫一下自己的房间、好好学习或是帮忙做做家务呢？这样真是太糟了。"她的话回荡在我的脑海中，我好像变成了抽屉底板上的那块糖，粘在一堆纸和没有用的螺丝之间，看着爸爸妈妈对我投来失望的目光。

这些年来我在咨询室见过许许多多的父母、儿童、青少年和家庭，也从他们身上看到了很多亲子关系的感人场景。其中，与青春期的女孩或男孩产生的冲突是最为复杂、最令人感到绝望，也是最具有挑战性的。如果来找我的家长对我说："我的青春期孩子？她完全能够做好自己的事情。说实话，我没有任何要抱怨的：她能够帮着做家务，把自己的屋子收拾得干干净净，平均绩点也很高；她还是童子军教练，喜欢冲浪、弹吉他，很善于交际。她对时事感兴趣，能够保持良好的个人卫生，自尊心也很强。她不会把自己锁在房间里，可以很好地与我们沟通，特别懂礼貌，还会每周换一次床单。"对于这样的家长，我会说："恭喜你，你的孩子十分特别。你可以申请吉尼斯世界纪录了。"对大多数父母来说，痛苦的事情莫过于在青春期这一关键阶段注视着我们的孩子，把他们看成我们厨房里那个凌乱的抽屉。我们认为，只要能够严格地批评、指责他们，争论、惩罚、教育的次数够多，我们凌乱的抽屉就能够自己整理好，而一切也会好起来。

他们破坏了我们多年来努力建立起的良好秩序，我们不理解需要怎样做才能使他们承担责任、努力学习、懂得帮忙或是考虑到我们养育他们长大所关心的最基本的事情。我们也不理解在这个过程中哪里出现了问题，为什么会变成我们每天都要提醒他们按时上数学补习课，不要把书包放在门口，把干净的衣服放回衣柜，整理自己的房间，把毛巾挂到原来的位置上，给奶奶或外婆打电话祝她生日快乐，和妹妹一起坐一会儿——每天花五分钟去做一件并不能够直接给他们带来快乐，而仅仅是因为需要才去做的事情。

最后，就像我们的父母在我们面前时那样，我们也只能看到孩子没做的事情。我们把他们看成自己凌乱的抽屉。我们跟在他们后面收拾、责骂、抱怨，甚至不放过任何一次能够把整件事转变为私人恩怨的机会："告诉我，你觉得我每天工作都很开心吗？我想一回家就跟在你身后打扫吗？我喜欢看到你总是什么事都不做吗？我们到底要拿你怎么办？为什么你会认为，当我觉得你没有为这个家付出哪怕一丁点努力的时候，我还得替你做所有的事呢？"

而对青春期的孩子来说，这会是完全不同的体验。就在他们完全能够过滤掉我们的唠叨，只把我们当成背景噪声之后——相信我，这可是个不小的"成就"，因为此时我们已经戴上了冷酷无情的面具——他们会觉得自己像是我们凌乱的抽屉。可如果我们只是暂时关上那个抽屉，让它保持原样，只收拾它周围的话，那么有一天，我们会和孩子一起打开它，慢慢地、不慌不忙地整理，收拾里面的东西，扔掉一些旧的宣传单，对仍粘在抽屉底板上的糖会心一笑。

— 38 —

"追求"他们

他们是我认识的最酷的一对夫妇,我这句话是对他们极大的夸奖。他们特别成功。他们拥有很好的工作,彼此非常合拍。从前,他们会文身、去夜店玩,现在他们会在公园里慢跑。从前,他们会去泰国旅游,现在他们会去柏林的公寓休假。他们为人慷慨,从不缺钱,在市中心一个很棒的小区买了房子。他们骑自行车旅行,在网上发帖,配上餐厅、海滩、鸡尾酒和三个上镜的孩子好看的照片。他们一起讨论对的视频节目,看对的书,喝对的酒,开对的车,一直在谦逊和自信(他们知道自己的确特别酷)之间保持着平衡。直到有一天,他们发现自己在守护孩子的时候睡着了,而这真的一点也不酷。

一切都从一天早上妈妈手机里收到的一条信息开始。这位十五岁孩子的母亲发现,孩子们在派对上喝得烂醉如泥、吞云吐雾,坐在刚刚取得驾照的较大孩子的车上兜风。信息上说,女孩们加入了随机的口交行为中,在大量酒精的作用下,这件事是"自愿"发生的。上面还有很多其他可怕的、令人不安的细节,这位妈妈只得反反复复地阅读这条信息，觉得这一定是个可怕的错误、愚人节的玩笑或是某种恶作剧。她的脑海中快速闪过无数种可能性，因为她绝不相信这条信息是在说她的孩子。她试着回想儿子过去一个月去过的聚会。他去过太多聚会了；他们夫妇没有为家里设置宵禁，觉得这是青少年应该有的样子——在暑假，出门参加聚会，凌晨五点回家，中午才睡醒。当他睡醒后，她总会问他："聚会怎么样？玩得开心吗？"就像小时候她问他什么时候去幼儿园接他一样，他的回答总是肯定的。

她没有像群里的其他人一样马上回复，而是拨通了她丈夫的电话。他正在开会，但就算在忙，他也会接她的电话。她一般不会在白天给他打电话，从他接电话说的"嘿"中她就意识到此时他很忙，所以她只是和丈夫说，她给他发了她刚刚收到的一条信息，让他有空时看看，再给她回个电话。他马上就给她回了电话。

当晚，工作结束后，这对很酷的夫妇回到家中。他们开始谈论这件事，意识到他们必须对孩子的事情投入一些精力，意识到他们是有责任的，意识到做"很酷的父母"并不总是酷的，也意识到有些问题是不能仅通过一次谈话或谷歌搜索就能解决的。有些问题需要漫长而艰难的教育过程，而有时这种教育与"酷"完全搭不上边，但是是他们必须做的。

他们意识到，尽管儿子的外表、谈吐、穿着都像个成年人，但他还是个孩子。很多人都持有这样的指导思想："我们也曾经历过青春期，而我们很好地过来了。"毕竟，我们的父母不知道我们去夜店做了什么，我们和谁一起去的，我们什么时候回来的。现在，让我们站在父母的角度重新思考这个问题。是的，我们很好地过来了。事实上，我们还活着，身体功能正常，工作了，结婚了。但我们愿意让我们十五岁的孩子参与到现在正在进行的实验当中吗？因为现在和我们还是青少年的时候有些不同。如今，我们的孩子每天都会接触到有关暴力和性的信息，这些信息具有迷惑性，而且杂乱无章。如果说在过去，父母的任务是把信息带回家，那么现在，父母的任务则是过滤信息——主要是调和孩子接收到的信息。

试想你的孩子正在所有网络游戏的虚拟现实世界玩，使用里面所有的道具，保持一种"我不是在玩游戏，而是在体验游戏"的心理状态。听起来很酷，是吗？现在，试想你的青春期孩子接触到色情片（第一次接触可能会发生在他们十三岁或十五岁时，不一定在自己家中，但你并没有在他们朋友的手机上安装家长监控软件）。当他们第一次接触色情片时，他们不仅会看，还会参与其中。因为虚拟现实，还记得吗？所以，当孩子们踏入这个世界的时候，他们已经在你提供的舒适的空调房里有过（他们认为的）完整的性体验，还有各种形式的暴力，驾驶过各种各样的车辆，开启过杀人探险之旅，在嘈杂的体育场内大批粉丝面前打过比赛，等等。接下来会发生的事情就是，青少年的操作系统——他们的情感、认知和生理系统——会出现一些故障，比如：

1. 他们觉得冒险特别酷。
2. 他们觉得自己已经真正长大，拥有了足够的能力。
3. 他们对你说的一切都不感兴趣。
4. 他们想要更多的独立性。

正如前面我们谈到的，在这个时间段，这段关系中最重要的使命是了解你如何能够在青少年的生活中保持重要地位。为了让你的意见、言语和你自己在他们心中有分量，你必须和他们保持良好的关系。

对青春期的孩子，保持良好关系并不是一起喝啤酒。这如同一种求爱行为，你是追求的一方，而他们是被追求的对象。你必须找到一些好话题，告诉他们，他们是谁，他们的长相如何，你有多么喜欢和他们聊天。他们花在你身上的每一分钟都是宝贵的，你可以利用这些时间和他们建立良好的关系，征求他们的建议，与他们分享生活，表现出对他们的兴趣，真正地倾听他们。邀请他们在你烹饪晚餐时陪着你，趁着和他们一起在车里时听听他们一天发生的事，一起看新闻，敲敲他们房间的门，偷偷进屋给他们一个美味的三明治，当朋友不在他们身边的时候拥抱他们一会儿，知道他们把精力投入什么地方，尊重他们，最重要的是，支持他们。

如果有机会让他们听你说话，他们就会参考你的意见，你也能够向他们灌输与他们发育阶段相矛盾的需要悬崖勒马的事情，当然这一切都建立在你与他们保持良好关系的基础上。如果他们戴着冷漠的面具，你也还是能够出现在他们的生活中，如果你允许他们与你分享生活，而不插入自己的点评，如果养育他们的过程充满挑战，你却能感到快乐的话——只有此时，你才能拥有禁止他们做某些事情、阻止他们、保护他们的权利，尽管他们把你向后推、拒绝你。

当他们还小的时候，你可以让他们在房间里冷静一下，限制他们的屏幕使用时间，甚至没收对他们来说重要的东西。当你试图用力量控制青少年时，事实上他们会爆发出更强大的力量与你对抗。当他们跑出家门，不接你的电话时，他们会再次向你证明，从一开始最重要的事情就是保持良好的关系。

让自己记住：孩子会说谎。在某个时刻，他们会说谎，并不是因为他们是病态撒谎者，也不是因为你是糟糕的父母，而是因为他们必须这么做。他们正处于一段确定自己独立身份的旅程中，但他们已经内化了你所有的教育观念，你的想法或你允许的事情，尤其是你认为无法接受的事情，而他们不想让你失望，因此他们说了谎。可能你已经不记得了，但你在那个年纪的时候也说过谎。

为人父母最具挑战性的任务是与孩子保持亲密的沟通渠道。通过这个渠道，他们能够告诉我们他们所犯的错误，而我们也不会给他们设定他们无法达到的标准和期望；这个渠道能够帮助父母了解孩子们的生活到底发生了什么：他们处于危险之中，需要我们立即去救援；他们只是做错了事情，需要一些好的建议；他们把事情搞砸了，我们需要一起思考怎样做才能确保这种情况不再发生。我们这么做并不是因为我们不在家里说谎或者他们的谎言冒犯了我们，也不是因为我们再也无法信任他们了，而是因为我们真的想要通过谈话来清楚地了解他们的需求是什么，对我们来说很重要但他们做不到的事是什么，什么情况下我们愿意为他们抄近路，即便我们并不喜欢这样做，仅仅是因为他们对我们来说很重要。这种谈话并非关于说谎或信任，而是关于他们正在经历的旅程、他们所犯的错误、他们从自己身上吸取的教训以及他们学到的对我们重要的东西。

还记得当他们还小的时候，我们说过的"无论发生了什么事情，只要他们过来找我们，我们都会帮助他们"吗？不要用过于挑剔和批判的眼光看待他们，不要关注你自己，关注你有多么生气、你的愤怒，以及想让他们受到跟你一样的伤害。值得做的事情是，让你自己成为真正出现问题时他们第一个联系的人。

事实上，正是他们的谎言给了你最好的机会。他们迷失了方向，搞砸了事情，受到了诱惑，参与到一帮人的酒精和性爱派对中。然后，谎言产生了，因为他们真的很害怕他们会让你感到失望或让你生气，担心你会惩罚他们，对他们说些伤人的话。借此机会，你可以带他们找到回家的路，因为在这个年纪，他们有时候真的很容易迷失方向。利用这个低谷时期，让他们大吃一惊。点亮灯塔，提醒他们家在何方，告诉他们你会一直相信他们所说的话，如果他们说了谎，那一定是有什么事对他们非常重要，值得谈论。即使我们并不同意他们所说的一切，我们至少可以开启一次对话，真正地聆听他们的想法，展示出我们脆弱的一面，告诉他们我们真的很为他们担惊受怕。假使我们利用他们以为我们会说一些指责的话的时刻，来做些勇敢的事，做和我们通常做的相反的事，会怎么样呢？没什么比展现脆弱更能拉近人与人之间关系的了。即便青少年犯了所有可能犯的错误，但父母如果仍然能给予信任，那么他们就能和青少年建立更多的信任。没什么比同情、关注和原谅更能让你们亲近彼此的了。这是把迷途的孩子领回家的最佳机会，而不是把他们吓跑，让他们到最令人困惑的地方苦苦等待。

有时，我们会给自己讲故事，对他们网开一面。有时，我们不是在为我们与他们的关系抗争，而是在与他们本人进行斗争。有时，我们会在守护孩子的时候睡着。我们必须时刻保持警惕，待在他身边，也要对他们足够留心，懂得变通，告诉他们我们对毒品、酒精和性的看法，而这些不只是父母跟孩子谈话的一部分，还要贯穿日常生活。是的，有时我们也必须限制他们聚会的次数，与他们达成互相尊重对方需求的约定，然后带着足够的尊重和爱面对他们的不满和抗议，但不要感到困惑，也不要被愤怒或恐惧所牵制。

拿出一张纸，想想你的青少年孩子，列出你想要他实现的所有梦想：你希望他拥有的所有品质，你认为他的外表、行为、谈吐和举止需要改善的所有地方。现在，拿起你列的这张清单，把它放在抽屉最里面，当他三十岁的时候再打开它。我保证，只要你能够专注于与他保持良好的关系，当你和他一起打开这张清单时，你会发现，这与他到底是什么样的人、他会长成什么样子毫无关系，而是与你曾经的梦想与担忧息息相关。

— 39 —

镜子前开始成熟的女孩

她站在衣橱前,这个开始成熟的女孩,就在五年前,她还穿着我给她买的裙子笑着转圈,裙摆也围着她开心地旋转,仿佛正在和她一起庆祝。而此刻,她在哭。我走进她的房间,发现她正穿着内衣站着,地上散落着她刚刚试穿但并不喜欢的衣服。我们现在必须出门去参加家庭聚会。我看着她的身体,仿佛上一刻她才刚刚从我的身体中出来。多么完美的女孩呀!让她烦恼不已的小肚子很快就会随着她胸部的发育而消失不见,蓬乱、充满青春气息的秀发,光滑、白皙的肌肤,悲伤、忧郁的眼神。对我来说,连她的眼泪都那么年轻、鲜活。

我想到了自己饱经沧桑的身体:哺育了五个孩子的乳房;笑和哭在我脸上留下的皱纹;因为抱孩子更加有力的左手,学会独立做事的右手;长时间劳累和弯腰捡地上的玩具而造成的微驼的背;怀孕过十二次但只成功了五次的子宫;失眠和忧虑带来的眼袋;我已经接受了的不整齐的牙齿;由于生育和虱梳而慢慢变薄的头发。就在那一刻,我和我饱经沧桑的身体遇见了她鲜活的身体和破碎的心灵,我想要做的只有以下两件事之一:减轻她的痛苦,帮助她感激自己所拥有的一切,或是打她一巴掌,让她不要表现得像着魔了一样。

我们和家里正在长大的、被叫作"青少年"的年轻人之间最常见却无法说出口的冲突之一,就是因我们失去的青春和他们的反抗而产生的心理情结。父亲会看到高大健壮又年轻的儿子,母亲会看到女儿渐渐发育、蜕变为美丽的年轻女性;反之亦然,父亲也会见到女儿在他的屋檐下慢慢发育为具有性魅力的女性,而母亲也会看到自己的儿子慢慢长大,知道总有那么一天他会把自己的心交给另外一位女性。不管有意还是无意,我们作为父母会遇到一切自己过去拥有但现在不再拥有的事物。

一旦青少年步入青春期,他们会背着行囊离开巢穴,结婚,成家,或者只身前往丛林,充其量会在成年的旅程结束后顺便来我们这里打声招呼。如今,青春期的风暴年复一年地发生在我们面前、我们家中,花着我们的钱。而曾经认为养育小孩会困难又疲惫的我们,正带着相当大的压力、羞耻心和善意来面对他们青春期的这场盛大演出,但我们没有指南。

我们与自己身体意象的对话通过我们青春期的女儿以一种残酷的方式反射在作为妈妈的我们身上。在我们养育他们的过程中,他们所接受的文化并不能让这件事变得更容易,反而会使信息复杂化。但事实其实很简单:每个父母都希望自己养育的孩子能够爱自己的身体,接受自己的身体,欣赏镜中映照出的自己的形象,即便在她自己眼中或是在崇拜苗条、可爱和漂亮的文化中,她的身体并不完美。但要想拥有这样积极的心态,女孩需要越过重重阻碍,这远不是一桩轻松的事。

直到最近，我们的小姑娘还在用毫无偏见、不加批判的目光注视着镜中的自己。我们也一样。一有机会，我们就给她拍照，然后问道："谁是妈妈美丽的小女孩呀？"我们给她买了戏服，带着一丝幻想和隐秘的愿望，希望她能成为真正的公主。她漫不经心的目光短暂地停留在镜子上，让她可以乘着幻想的翅膀远航，拿着魔杖或转着裙子，赤脚在厨房里跳舞。但现在她的身体正在发生变化，行为模式和看法也随之改变，我们赞美得少了，照片也拍得少了，对她痴迷于关注自己的身体感到困惑和担忧，认为我们养育了一个肤浅、自恋的自我中心者，每张自拍都要伸出舌头。

而对她来说，她开始意识到自己的体形每天、每小时都在发生惊人的变化。有那么一瞬间，她看向镜子时能够坚定自己还是"妈妈美丽的小女孩"，但下一瞬间——在倒霉的一天，她的脸上突然冒出了一颗青春痘，小肚子也比昨天凸出了一点，或是她发现我们用辛苦赚来的钱给她买的衣服突然看起来又傻又丑时——她面对的就是一面黑镜子，只能照出她的绝望和沮丧。

我们的任务是明白这样一件事情，幻想破灭是不可避免的——他们的身体几乎每天都在发生变化，而他们的心情也瞬息万变，他们必须把自己的挫败感发泄出来。我们需要记起，我们花了多少年才适应了自己身体的变化，知道什么适合自己、什么不适合，了解什么容易让自己开心、什么很难，内化并回忆起前往成年女性的旅途上有很多需要妥协和接受的情况，也有很多获得力量和胜利的时刻。如果我们能想到这些，我们也会明白这个任务对一个十三岁的女孩来说是多么困难，明白这个任务需要循序渐进地完成，但有时也会带来很多悲伤的情绪。我们作为小鸭子的父母，必须接受她在变为自己眼中的"白天鹅"的过程中需要经历的这些复杂的阶段。

我们想要抚平他们的痛苦或失望，这表明，在他们对自己现在所拥有的感到不满时，我们也很难承受我们感受到的挫败感。所以，我们用无法消除她的痛苦的语言武装自己，冲上战场："你在说什么？你多么漂亮呀！""你在和我开玩笑吗？我们上周才去购物，这些衣服都是你自己挑的！""试试牛仔裙，你会发现穿上它很好看。""很简单——我们开始减肥！昨天你吃完三个甜甜圈之后我就提过这个建议了。"我们还会用三岁时对付她的话："等你冷静下来后，我们再谈这件事。""又是这样——就是因为你又开始发脾气，家庭聚会我要迟到了。""穿好衣服，别照镜子，我们这就走。"诸如此类的话。如果我们能够把自己的挫败感、对她穿衣风格无意识的评判和我们无法理解的她发火的原因暂时搁在一旁，我们就可以牵着她的手走过一切都不顺心的时刻。我们要做一块能够吸收一切的海绵，细心观察，接受她所经历的事情，通过表情让她明白，现在的确很困难，但这是成长过程的一部分，事情很快就会好起来的。

　　每天，当她对自己很满意而我们觉得没必要夸赞她所选择的个性潮流混搭时，或者我们只是在厨房里和她说上几句话时，我们都需要花一分钟时间来称赞她，越具体越好，也可以在她站到镜子前时和她说："你的睫毛是世界上最美丽的东西。""你的腿穿短裙很好看。""你的头发那样绑很漂亮。""你穿红色特别好看。"当她在Instagram[①]上上传了一张照片（而你对此感到不适）时，问问她在这张照片里她喜欢自己的什么地方——拍摄角度？发型？姿势？赞同她认为自己有相对优势的地方。最后，如果在家中还是能

---

① 中文名为照片墙，一款可以分享图片的社交应用软件。

听到你对小妹妹说"谁是妈妈美丽的小女孩呀？"，那么偶尔也对她说说这句话，让她回忆起她还相信你的那些日子。

　　我坐在她房间的地板上。她哭红了眼睛，既受挫又受伤，而我带着安慰和一丝怜悯的神情，倾听她发泄剩余的沮丧情绪，点点头，一句话也没说，只是在那里，给经历极大痛苦的她以安慰。等她深呼吸，平静下来后，我握住她的手，和她一起站在镜子前。她现在只是轻轻抽着鼻子。我轻轻抚摸她完美的秀发，又看了看不完美的自己，开始扮特别难看的鬼脸，她忍不住笑着对我说："别这样，妈妈。"然后我在她的耳边轻声说："这些日子有些令人心烦，是吧？你想去我的衣橱里挑些衣服穿吗？"她选了一件灰白色的毛衣，我"威胁"她如果她弄脏了衣服，那她就"死定了"。然后我又把她带回镜子前，让她能够重新看看自己，我对她说："你是最棒的。看看你是怎样克服困难的，看看你多漂亮呀。"很快，就一会儿，她就会看到，也会明白。

40

一封想象中的青春期女孩的来信

爸爸妈妈,是我。

我知道给你们写信有点奇怪,只是最近家里发生的一切都让我觉得,谈话并不能解决问题。我知道你们特别忙,大部分时间在生我的气,对我感到失望(至少你们给我的感觉是这样的)。当然,我自己也没什么时间(因为我要交朋友、处理自己的情绪、在衣柜和镜子前待上好几个钟头、和兄弟姐妹打架)。所以,我打算给你们写信。

虽然你们觉得我从来没有听过你们的话,但我想告诉你们,你们对我来说非常重要,我还想和你们解释为什么我这么难以接受自己现在的样子。你们瞧,我现在都快不认识自己了。有时早上醒来,我会发现自己的鼻子看起来很大,有时我发现我的脸上长了颗恶心的青春痘,我很肯定大家看我时只能看到这颗痘痘。当我这一天过得不如意时,我会疯掉。我太胖了。我对自己又爱又恨——每分钟都有不同的想法。

我记得过去你们一直觉得我很漂亮。小时候,爸爸总会对我说"我漂亮的小宝贝"。你们总会给我拍照,给我买穿起来很可爱的衣服,妈妈总是喜欢我把头发扎起来。但现在,我忽然感觉到你们总会对我的样子感到失望。可你们知道可笑的是什么吗?现在,我也真的特别讨厌自己的样子,我们班上的完美女生诺亚从头到脚都是那么无可挑剔,而我看起来又蠢又笨(更别说穿泳衣的时候了),这种时候才是我最需要你们觉得我漂亮的时候。妈妈,我需要你告诉我,就算我没有把头发梳成你喜欢的样子,你也能注意到我。我需要你知道,当我偶尔站在镜子前欣赏自己,觉得自己很漂亮的时候,我最不想听的就是你的那些"建设性"的批评。

可能在你们眼中,我花那么多时间和精力打扮自己是件很肤浅的事,但对我来说,这件事特别重要。如果有一天我能够对自己的样子充满信心,那么我也能让自己成为更优秀的学生、更好的朋友、更懂事的女儿、更贴心的姐姐(或妹妹)。可无论做什么事,我总会对自己产生厌恶的情绪。所以,当我终于能够对自己感到满意,而你们却开始对我评头论足的时候,想想你们这样做其实是在把一个不够优秀的学生,一个不够耐心,还不能很好地处理外界发生的一切的人推向世界。

现在,我还没有建立稳定、清晰的自我形象,这真的让我非常困惑。我的心情时好时坏,有时我发现自己处于一个完全陌生的地方,一个真正的深渊,我觉得自己可能永远没有能力离开这个家了。这时，我听到了你们的批评，看到了你们脸上流露出的失望的神情，然后就像你们一脚踩在了我本就受伤的脚上一样，我做出了反应。你们却来反问我："你为什么有这么大的反应？难道我现在什么都不能说了吗？我到底说了什么让你感到不高兴的话？"

所以，请听我说，虽然你们总是觉得自己在我心里没那么重要了，但事实是，你们在我的心里、胃里、脑海里。你们口中的每一句夸赞都能让我充满力量，而你们说的每句批评的话语都会让我想到大部分时间停留在我肩膀上的那只黑乌鸦。最让我难过的事情是你们忽略我的时候。你们一句话也不说。爸爸妈妈，你们的一个眼神就足以让我振作起来或是意志消沉。请你们清晰、明确地对我说一句我能接受的赞美。我知道，你们认为我不喜欢听你们夸我，有时候我甚至拉下脸告诉你们"别说了"，但其实我真正想说的是"你们能多说一些吗"。

我想爱自己，不去在意自己穿什么样的衣服或是梳什么样的发型。我想爱自己，不去在意自己怎么嚼口香糖，或是最近又胖了多少斤。

请记住：少些批评。如果你们真的控制不住，必须批评我，希望你们明白，即便你们在我小时候给予我那么多的赞美，也并不意味着我现在就不需要了。比起现在你们眼中的我的样子，你们曾经为我感到骄傲的记忆和我小时候漂亮的样子只会更加刺痛我的心。

称赞、表扬那些看起来完美的人是再简单不过的事情了，但真正需要得到夸赞的恰恰是那些看起来不完美的人。我并不是想要你们欺骗我，也不是想听你们说有多爱我（或是让我说有多爱你们），但我需要从你们那里得知自己拥有什么样的内在美和外在美，即便你们觉得我一点也不像你们所说的那样；你们所说的每句话最终都会聚沙成塔，可现在，它们大多是批评、不满、挑剔和失望。

你们总是告诉我，无论发生什么，我都可以跟你们讲，然而我会问自己——我真的可以吗？有时候，我选择不告诉你们，是因为我不想给你们添麻烦。我听你们晚上聊到很晚，不理解为什么我的经历会让你们如此担忧，而你们的忧虑也让我很有压力。有时候，我什么都不跟你们讲，因为我知道你们只会忽略我的感受（"胖？你在说什么呢？""你讨厌自己的胸部？真是胡说！""他们没邀请你去参加派对？那是他们的损失！"），或是开始发表你们的教育演讲。

所以，请理解——我确实明白（你们所说的）。我还记得我小的时候你们教会我的所有事情，只是现在我有些困惑，正因如此，你们也被我弄糊涂了。

深吸一口气，给我一些空间，让我能够犯错、跌倒、重新爬起来、失败、爱自己和恨自己，让我知道从始至终你们眼中的我都是更好的我，以我实际应该看待自己的方式看待我，来帮我摆脱生活的困境，好吗？

── 41 ──

肥胖也是孩子自己的事

当慧俪轻体①的导师向房间里坐着的青少年解释如何在餐馆点汉堡时,我仿佛听到了我的孩子心碎的声音。导师提高声调列举出这个任务的几个关键点:第一,不要加番茄酱或蛋黄酱;第二,不要吃汉堡的顶层——是的,不吃顶层的面包你也能"享受"到吃汉堡的快乐;第三,不要碰炸薯条,至于原因,朋友们,我们已经讲到了。

我坐在他身后,看到他的后背不舒服地动了动。我知道,导师用温柔的说教和礼貌坚决的语气说出的这番话,剥夺了他生活中的快乐。他失去了把汉堡看作一个整体的自由,最重要的是,他设法维持了十六年半的假象被摧毁了,也就是他没有什么问题,不需要加入减肥俱乐部,与一群人坐在一起,脱下鞋,站上体重秤,分享这周抵挡住了什么诱惑。

我们在家中说好了这次课程只是一次尝试。在此之前他去服装

---

① Weight Watchers,一家健康减重咨询机构。

店经受了残酷的洗礼,回到家后他和我们进行了一次谈话,请求我们帮他减肥。说实话,这次谈话让我很高兴,并不是因为孩子穿XL码的衣服会给作为妈妈的我带来困扰,而是因为他主动发起了这次谈话,想要做出改变。多年前,我向自己保证,我绝不会加入那个让他受到伤害的阵营:他四岁的时候,在操场上叫他"胖子"的孩子;不时出现在他脑海中的说他身材不好的声音;用刻薄的话评价他的小学老师;逾越节①前夕对他的好胃口开玩笑的那个他并不怎么认识的阿姨。我能够肯定的是,如果他还没有完全理解改变的深层含义,我就强迫他做出改变的话,我们可能会为穿M码衣服的儿子感到骄傲,但他并不是真正为了自己才去做这件事的。他会觉得自己是那个失去了顶层面包、失去了番茄酱和蛋黄酱、失去了他最好的朋友——薯条的那个汉堡。

所以,当他向我们寻求帮助时,我深受触动。和他谈过后,我发现他已经基本理解了得与失,现在也已经准备好,愿意做出改变了。我也意识到,我需要帮助他找到做出改变的正确方法,并不是因为我想要我的儿子更健康、更漂亮、更有魅力,而是因为我希望借此帮他开启一扇窗,让他能够和食物、和这段爱恨交加的关系、和他的满足感与随之而来的愧疚感进行永恒的对话。透过这扇窗,他能够看到自己的身体意象、男子气概,爱自己原本的样子,经历胜利、反抗,体验真正的饱腹感与饥饿感,知道自己吃东西的原因,也知道自己需要改变饮食方式的原因。这扇窗只属于他自己,他越能了解自己,就越能感到快乐和充实。

当婴儿刚刚降临到这个世界上时,完美运行的身体系统之一

---

① 犹太人的主要节日,犹太教历以此节为一年的开始。

就是负责饿与饱的系统。使用说明很简单：如果你饿了，只需要哭闹，食物就会来到你面前；如果你饱了，闭上嘴，把头扭到一边，就没人再继续给你食物了。在婴儿早期阶段，通过哭闹表达对食物的需求具有深刻的意义：你发出需要的信号，宇宙就会给予回应。这多么令人安心，如此基础的互动存在着那么多交流。我想要找车钥匙，于是我问了宇宙，然后就找到了；我想要达成一项重要的交易，于是我给宇宙发送了信息，这件事就完成了。因此获得的信心是双倍的：一方面是对自己的信心，对自己能够说出饿了、了解自己的身体、意识到身体饿了的信心；另一方面是只要我告诉妈妈我饿了，她就会满足这种饥饿感的信心，因为她理解我的意思，因为我可以依靠她，因为她就是我的宇宙，而我们共同组成了一个我目前还无法独自构成的整体。

所以，每当我们趁宝宝不注意的时候喂给他一匙食物，或只是因为到了固定的时间，而不是因为他要求了就递给他奶瓶，甚至是当我们忽视他在吃完半罐果泥的时候就已经闭上了嘴，把头扭到了一边，还在为他能够吃光所有果泥而感到骄傲时，我们必须意识到，我们正在破坏他与宇宙之间的秘密合约，破坏运行极好的系统，剥夺他与生俱来的信心。

接下来，情况变得更为复杂了。孩子在游乐场摔了一跤，磕到了自己，怎么办？没什么是一块小小的巧克力解决不了的；幸运的是，我包里正好有一块。这个办法很快就让他冷静了下来，香甜的滋味让他忘记了膝盖的疼痛。孩子在生日派对上觉得无聊了怎么办？时刻备几罐薯条和糖果给他吃。有了食物，无聊就不那么难以应付了，因为当你的嘴正忙着咀嚼时，你实际上就有事可做了，不会再有虚无感，也不会再去寻找其他能够打发无聊的活动；你正忙着感受快乐，沮丧感就被遗忘在脑后了。孩子们在车里打架怎么办？我们拿出零食，最好能让他们吃一路，因为当他们的嘴忙着吃东西时，就不会再制造出那么多噪声了，而当他们的身体感到舒服时，打架也就少了，所以如果在去奶奶或外婆家的路上没有一大袋子食物的话，我们怎么才能忍过来呢？准备食物的时候，你会自我感觉很好，因为给孩子准备食物总会让你感到心满意足。

慢慢地，孩子的饥饿感和饱腹感就不再是原来的样子了，食物进入了他们的情感领域，而最痛苦的事情莫过于，这一切是在我们的教导下发生的。我们把这种情感成瘾带给了孩子，因为这样做很方便，因为这样做能够解决烦恼，因为我们自己就是这么做的，因为我们无法忍受自己的孩子正在经历沮丧或痛苦，因为食物会让我们开心，因为我们完全出于好心。

不知为什么，我们对口渴却没有那么重视。大多数人不会提醒孩子喝水，不会强制他们喝水，不会让他们喝完一杯水，那么看看结果如何——他们能够熟练地掌握这件事，不会出错，也不会和其他事情混淆；这件事很简单，而且最重要的是，这仍旧是他们自己的事情，而没有成为我们的事情。

然后，我们就来到了充斥着最令人困惑的声音的阶段。如果孩子过胖或过瘦，那么他们的父母就会被认为没有尽到父母的责任。这些声音解释了为什么孩子吃得多或少是你的责任，为什么其他孩子嘲笑他是你的过错，如果你和胖乎乎的孩子一起走在路上，那么你才是失败的那个。"当然了，孩子是不懂克制的。"这些声音在你背后轻声说。"如果能用冰棒替代，为什么他们还要让她吃巧克力冰激凌呢？""现在他才四岁，等到十四岁的时候就已经晚了。"这些声音实际上是在说：作为父母，我们有时需要教导孩子控制自己，给他们设定限制，让他们直面自己不想接受的现实。那么，让他们看一整天电视与只让他们在吃午饭时看一会儿电视有什么区别呢？或许我们应该介入？在他们还无法自己承担责任的时候替他们承担？或许我们应该在他们理解关于肥胖的深层、隐晦含义之前帮助他们变瘦？

我们对遗传学只字不提，也完全不说我们自己的进食障碍，从来不提尽管我们会指责和谈论、限制和教育他们，但到头来，他们还是会知道的——他们会看到我们站在厨房柜台旁，狼吞虎咽地吃一根新鲜的法棍面包，或是在辛苦了一天后，坐在电视机前吃掉一整桶冰激凌。如果他们吃得太多，会感受到我们的目光，如果他们吃得太少，也会感受到我们的焦虑。他们意识到，合约已经被打破，我们现在正在他们的法庭上进行审判，他们可能无法再相信自己的身体或是相信自己，他们在我们眼中不够好、不够漂亮、不够苗条，不够拿得出手，我们已经控制了他们的身体，他们没有自由，只能服从我们的命令。我们告诉他们什么时候他们饿了，什么时候他们饱了，什么时候他们想吃甜食，什么时候应该停下来。

在守卫这些界限方面，我们起着重要的作用：我们决定他们一天可以吃几块糖，把饭菜端上桌，在家里准备健康的食物，以身作则（也是鲜活的例子——向他们展示我们偶尔也很难抵抗诱惑，让自己吃点零食，或者从另一方面入手，尽管我们很想吃掉一整块巧克力，但我们还是成功地只吃了一小块），教导他们养成健康饮食的基本习惯，多锻炼，享受美好的家庭聚餐，把重点放在聊天、团聚、笑声或是一周总结上，而不是关注其他人的盘子，他们吃得多还是少，不准他们从桌边站起来，威胁他们如果吃不光自己盘子中的食物，就不准吃甜点，或是其他很多对孩子造成伤害的错误做法。而且，即便他们的兄弟姐妹都苗条又健康，我们也决不能在孩子正在应对克制带来的挑战时，在家里设下甜蜜的陷阱。我们应该从小教会他们的是，他们的身体很聪明，知道很多事情——知道他们什么时候累了、渴了，什么时候需要去厕所，什么时候想吃甜的或咸的——他们可以依靠自己的身体做出判断。

他转过身来和我说："妈妈，这是我来过的最伤心的地方之一。"我理解他。我心中确信无疑：我会继续寻找，找到可以让他达到他为自己设定的目标的方法，因为这是我的职责，因为他向宇宙发出了求救信号，而在这近十七年来我一直都是他的宇宙。在我们的合约中，他的职责是需要、梦想、进步与成长，而我的职责是倾听他的一切——他的哭声、喊叫、说出口和没说出口的话——然后，帮助他、鼓励他、信赖他，哪怕他还没能做到足够信赖自己，即便事情很难，也相信他能够做到，让他面对生活原本的样子，像我一样，接受生活的得与失、身体里既美妙又糟糕的基因、自己的完整与不完整，同时还要让他知道，他的生活由他自己做主，而我存在的意义只是成为回应他的那个宇宙。

当我问自己为什么选择不去注意他们的盘子，也不在他们吃得多的时候发表意见，为什么不和他们坐下来聊聊，告诉他们必须减肥了，我给自己的回答很简单：尽管我希望或是幻想能拍出完美的全家福，照片里的孩子都苗条、时尚，尽管我意识到在很多方面，去负责、去控制，让自己成为"食物监督官"会更容易一些，但我还是选择不去干预，爱他们原本的样子，不去试图修复他们、完善他们、批评他们、改变他们。因为对我来说，有些代价是我不愿意让他们付出的。是的，这不是个容易的选择，但在我认识的最酷的、最快乐的、最聪明的和最勇敢的人里面，有些人也穿XL码。

一年后的今天，他已经成功减掉了75磅，穿上了M码的衣服。我们聘请了一名非常有智慧的营养师，她能够掌握偶尔拿他开玩笑的尺度，为他量身定制了包括所有他喜欢吃的东西的食谱，而且最重要的是，向他解释了耐心的意义，强调了回报的重要性。我们只是作为旁观者，向他投去钦佩的目光，在家庭聚餐时为他的决心和毅力干杯。在他减掉了22磅后，学校里再也没有人提过他体重的问题了，我们为他庆祝腰带上多出来的每一个洞。很快，他认为没有营养师的帮助，他自己也能够坚持下去。他告诉我们不用再继续聘请营养师了，他要自己继续下去。就在他开始减肥一年后，我们去疯狂采购了一通，他提议我们买些花送给那名营养师。我们带着花束开车前往她家。路上，我问他对这一年有何总结，他回答我，如果他能和曾经的那个胖男孩告别，那么就再也没有什么事情能难倒他了。

— 42 —

羞耻带来的挑战

这天早上,我正准备去做一次大型演讲。要穿的衣服昨天就已准备妥当。我提前叫醒了孩子们,迅速给女孩梳好头发。今天尤瓦尔负责送他们上学。我喝了口咖啡,检查好证件,准时离开家,到达大学的停车场,最后照了照镜子,补涂有些掉了的口红。让自己保持兴奋,每时每刻都要昂扬向上。清醒的头脑真是令人又爱又恨。我看了看时间,还有十分钟。我放了一首能让我心情愉快的歌,再次看了看时间,然后下了车。就在这时,意外发生了。

我刚走出一步,就感觉右脚上的鞋子有什么地方不对劲,靴子上的细高跟不见了。我忐忑地重新打开车门,发现我的鞋跟正毫无生气地躺在油门旁边,可能是因为连续穿了五个冬天,它终于不堪重负了。我只得孤注一掷,试着把左脚的鞋跟也扭下来,就像你在糖果广告中看到的那样,酷女孩从容地弯下腰,猛地拽掉了另一个鞋跟,然后继续参加她的工作会议,天知道她是怎么办到的。"没关系,"我说服了自己,"就继续往前走吧。假装鞋跟还在能有多难呢?没人会注意的。"

通往礼堂的路就像是一次看不到尽头的徒步。在讲台上，我观察坐在前排的人的表情，想知道他们是否注意到了什么不同寻常的事情。看起来他们并没有注意到。演出必须继续下去，演员下定了决心，观众没有注意到，右腿也慢慢习惯了当前糟糕的情况。然而，正当我小心翼翼地走着，讲到第四句话的时候，我注意到女性观众的表情发生了变化，有些人还在窃窃私语，因为她们注意到我鞋底的碎屑在地面上留下了一道黑色的痕迹。讲台上到处是鞋的碎屑，而就在这一瞬间，分秒不差，我左脚的鞋跟也断了，随着它一起崩溃的还有我自己。

成年人在生活中经常会感到羞耻，而孩子在生活中会遇到更多这样的情况，几乎从他们离开家，前往第一个受教育的地点时就开始了。被一群孩子盯着窃窃私语，体育课上最后一个被选择，答错了问题惹得大家哄堂大笑，在运动场上摔倒被所有人回头看，妈妈让你穿的裤子很奇怪，有人在全班同学面前对它评头论足，尿裤子被所有人看到了，有些孩子因为你瘦弱、矮小、像书呆子、戴眼镜、说话结巴、走路慢、吃饭的方式有趣、掉牙、剪头发等而嘲笑你。当我们的孩子在外直面羞耻感（或者你也可以按照自己的喜好叫它羞耻心）时，他们会觉得整个宇宙都静止了，仿佛世界上所有的电视机都打开了，所有的频道都在播报他们的糗事。那一瞬间，他们变成了犯错误的人，而他们犯的错误被挂在城市广场的正中央，所有人都能够看到。

喜欢指责、批评别人的个性经常被美化为"智者的缺点"，但如果我们把它当作教育手段，如果我们的家中总是出现扮演批评者、调解者、法官的角色，那么我们养育的孩子长大后就会变成自己最糟糕的法官——尽管我们完全出于好心。在充斥着指责、批评的环境中,他们的羞耻感会越发强烈。孩子需要了解我们已经知道的事情:每个人都会对某些事情感到羞耻(前提是他并不是个反社会者),因为羞耻感是不完美的一部分,让我们可以与其他不完美的人保持交流。真正的勇气是留在法庭上,继续做好我们自己,同时保持同理心,注意到其他人感到羞耻的时刻,以及原谅自己。

要想培养能够迎接羞耻挑战的孩子,唯一的方法就是不要苛责他们。是的,让你自己在他们面前表现得不完美一点。告诉他们你自己的经历和失败,这会更能让他们感受到自己生而为人。告诉他们,在误入男卫生间的尴尬时刻,你的脑海中在想些什么,虽然里面只有一个人,但当时你觉得全世界都在嘲笑你。告诉他们,你加入同事们关于某个人的八卦讨论中,但后来当你看到那个人在角落里哭的时候,你走上去和她说了对不起。每当他们能够理解他人的感受时,你都要强调这件事,告诉他们这是多么重要的品质,因为保持对事物的敏感性就是去感受,而既能感受到快乐与成功,又能感受到挫折与羞耻的人才是真正的勇士。

请记住,性别观念会让女孩感到羞耻,因为这种观念教导她们要漂亮、礼貌、善良和完美,要隐瞒自己在路上汗流浃背的事实。此外,男孩会遇到与力量相关的观念——软弱的男孩只会让人同情。正因如此,我们才应该让女孩放开一些,不必那么整洁,而让男孩表现出软弱的一面。让他们在家这个安全的地方坦然面对自己,面对在外面会给他们带来羞耻感的所有特质。或许这样他们才能够更加轻松地面对外界社会正在等着他们的所有挑战,比如,某天回家时因为在公共场合鞋跟掉了而比离家前矮了几英寸[①]。

---

① 1英寸合2.54厘米。

43

警惕竞争

十五年来,她一直像一匹赛马一样长大。当她嗅到比赛的气味时,连她栗色的头发都开始闪闪发光。她擅长在哨声响起的那一刻就往前冲去,时刻留意对手的情况和他们在赛场上的位置,她总能拔得头筹。当她还小的时候,她妈妈会向她和她的兄弟姐妹发出起跑的号令,大喊"看看谁能第一个到达浴室"。她清楚地记得她会计划推开哥哥,身体里的肾上腺素激增,每次她赢了的时候妹妹都会哭,她还记得自己是怎样嘲笑他们的:"最后一名是笨蛋!""可是现在,"她说,"看看现在发生的事。我才是那个笨蛋。"

十五岁的这一年,她经历了人生中的第一次失败,她的头发不再闪闪发光了。她喜欢的男孩选择了其他人。而这个人不是别人,正是她的朋友,这个女孩像是一匹技术娴熟的金色纯种赛马,踏过她的身躯走在通往胜利的路上。六个月来,她一直忙于舔舐伤口,避开赛道。她之前引以为傲的优异成绩已经不复存在,甚至在那之前,她就不再学习芭蕾舞了,因为她意识到基因背叛了她,没有苗条的体形,她根本不可能成为最好的那个。她解释说,那些曾经在她展现出能力、获得成功时围着她的女孩,在意识到她再也无法领先其他人的时候,都离她而去了,现在她只有自己。"我现在什么都没有了。我输掉了比赛,"她总结道,"我心里没有给失败者留位置。输的人都是笨蛋。"

因为我们生活在一个竞争激烈的世界里,我们总是认为我们得让孩子为竞争做好准备,培养他们的好胜心,训练他们对实现目标的渴望,这样他们才能在这个世界中生存。但我们没有认识到这种狭隘的世界观存在的缺陷:竞争环境最能摧毁一个人获得快乐的可能性。比赛永远会依据单一的标准来衡量所有参赛者。没有人问他们是不是享受比赛过程,他们的自我形象是什么样的,他们是不是帮助了其他人或是学到了之前不了解的知识。在比赛中,你的眼中只有自己——你对其他所有与你一起比赛的选手、你的对手或是那些不如你的人都毫无兴趣——你所有的价值仅仅体现在那个非常窄的放奖杯的架子上,而那里只有一个第一名。

难道你希望孩子的价值感、完整的自我形象及一切经历都取决于单一的标准吗?难道你希望孩子视所有其他人为潜在的敌人,胜利时沉浸在稀薄、醉人的空气中,失败时感到脚下的地面轰然崩塌吗?难道你希望孩子只是因为整天忙着考量对手可能的前进轨迹,就筋疲力尽、焦思苦虑吗?难道你希望孩子永远体验不到为他人着想的美好和表现出来的善意吗?体验不到做出让步,让朋友赢得比赛时那种浸入心灵的魔力吗?人们常说的"高处不胜寒"并不是无稽之谈。

或许我们无法改变这个充满竞争的社会,但我们能够充分掌控自己对竞争的看法。矛盾的是,在人生的竞赛中,真正的赢家是那些能够学会把自己的精力投入自我发展和进步上的人，他们不会以他人为代价，而是会把注意力集中在他们自己身上。他们不仅会问自己是否感到快乐，哪里有缺失，哪些方面有待提高，自己能接受和不能接受的事，下一步应该做什么，等等，也会关心他人。因为在这种情况下，他们把更多的精力投入人与人之间的交流、与自己内心的对话以及创造性思维、乐观心态、团结精神与自爱品质的培养上。

下次你喊"让我们看看谁是第一个吃光食物的！"或"谁是第一个准备好洗澡的？"时，你需要意识到，你正在教孩子去竞争，把注意力集中在外界而不是自己身上，从而形成淡薄的合作意识。最重要的是，你正在把他们放到通向某个目标的赛道上，但只有其中一个孩子能够脱颖而出，实现自己的价值感，而这种价值感是暂时的，只会持续到他下次输掉比赛的时候。如果你真的急切地希望他们吃完晚饭或是洗完澡，那么你可以让自己成为他们的对手，和他们竞争。让他们组成一个队伍，当你输掉比赛的时候，大声说出这种失败的感觉，告诉他们你觉得自己是个笨蛋。问问他们能不能鼓励你，提醒你在其他方面你做得很好，比赛并不总是公平的，你不应该失去信心，而且尝试的过程是快乐的。告诉他们，或许下次你们可以一起与时间来一场比赛，那么大家都会享受这个过程，即便时间赢了，因为当你们沉浸在快乐中并且懂得相互帮助的时候，你们就已经获胜了。

很多时候，我们的反应会强化这种竞争机制，甚至我们自己都未曾注意。当我们告诉孩子"没关系，下次你一定成功"的时候，实际上我们是在强调最初给他造成痛苦的那个标准，而不是和他共同面对失败的痛苦，告诉他失败真的让人感到难过，告诉他（当他年纪尚小时）或问问他（当他年纪大些时），虽然他失败了，但在这个过程中哪些事情令他觉得愉快，以及哪些事情他做得正确。

当一家人在晚餐时讨论政治话题时，不要执着于一个事实。让他们学会提出问题，不要无视而是要反驳他人的观点，就算在这场辩论中他们不是赢家，也要享受辩论本身，这样他们身边的人就不会产生挫败感。大声说出在你眼中，真正的赢家是既能很好地倾听他人的观点，又能专注于自己观点的人，是能够提出辩论话题，学习、研究这个话题，享受辩论的过程，就算生气也不发怒、没有机会获胜也不感到绝望的人。

在夫妻相处中，你们也在为孩子树立榜样。仔细想想在这个过程中你们之间是不是也存在竞争，因为孩子善于观察，特别是对未说出口的事情。所以，下次孩子生病的时候，不要为这次该谁请假而争吵，不要提醒对方上次是你请的假，你已经受够了总是要做出妥协，试着与你的另一半就合作、真正的需要、妥协和体谅进行一次真诚的交谈。虽然这样做会付出一些代价，但请记住，你正在让孩子明白有些东西远比输赢更加重要。

如果一个人价值感的实现只遵循一个基准，这会是一件危险的事情。如果孩子生活在只有赢家与输家的世界中，那么他们也只会用这两种标准来评价自己。为人父母的一项重要任务是教导孩子用更宽阔的视野来看待价值与竞争，而不是只局限于这两种可能性。这才是孩子为外面那个竞争激烈的世界所做的最好的准备。

— 44 —

我的孩子是个普通人

在诊所，这个近乎完美的十四岁女孩正坐在我的面前，抱怨她所感受到的"近乎完美"和"完美"之间的差距。这种差距不断逼迫着她。如果她能有一件这样的衬衫、一部那样的手机、穿着阿迪达斯的运动鞋，那么差距可能会缩小一些。她谈到了自己的数学成绩，差点就得了B-。她说，在她眼里，不及格有时比B-好。我问她为什么，她却回答不上来。

上次我们见面时，她告诉我她梦见自己刚张开嘴唱歌，就发出了美妙动听的声音。她站在舞台上，所有认识的人都在台下，而她就那么轻松地唱着，歌声婉转。但是现在，她告诉我她感觉十分糟糕。

"能和我讲讲这件事哪里让你觉得这么糟糕吗？"我问她。

"你知道的……就是……我太普通了！我看起来太普通了！"她说。当"普通"这个词从她嘴里说出来时，她的脸庞因厌恶而颤动着。对这个刚开始成熟的女孩来说，最大的恐惧是接受自己的普通。

我们都想养育出特别的孩子，想让孩子觉得自己是与众不同的。几乎每个孩子都会拥有一段快乐的回忆，自己在客厅的桌子上跳舞，家人把相机镜头对准他，而镜头后面是被动观看这场表演的观众，他们正用炯炯有神的眼睛望着他。所有孩子小时候都是璀璨的星星——他们是我们的星星，而我们是他们的天空。他们闪闪发光，总是渴望再次拥有这种特别的感受。我们和他们谈论未来，向他们许诺他们能够成为自己想要成为的人，然后他们想象出了一棵巨大的糖果树——等他们长得足够高的时候，只要伸伸手就能摘到糖果。

然后，生活开始慢慢阻碍他们。幼儿园老师不是总能看到他们有多棒，他们的朋友都在忙着让自己变得更好，舞台不似从前那般，观众也不再用炯炯有神的眼睛骄傲地望着他们。有时台下甚至没有观众。接下来，重要的问题出现了：我们是否教过他们如何面对自己的平凡？即便聚光灯没有照在他们身上，我们是否依然能让他们感到满足？我们是否教过他们如何演好自己的角色，静待上台的机会，让他们明白就算没有人承认，他们仍旧是独一无二的？

对那个十四岁的女孩来说，普通就像一个诅咒。它意味着单调乏味、毫无意义、平平无奇。普通意味着你无法通过镜中的自己、特殊的才能或聪慧，甚至无法因为某种心态从人群中脱颖而出。接受普通就是投降。而这让她十分难过。

但或许接受普通也是一种不平凡呢？接受普通意味着拥有内心的平静、强烈的分寸感，并能理解生活的相对性；接受普通就是意识到，每个人身上都有特别之处，而我们越接近他们，就越能发现他们身上的闪光点。接受普通就是意识到，虽然有些人表现得仿佛自己与众不同，但其实我们每个人都是普通人。接受普通就是意识到，费尽力气让自己变得特别只会感到疲惫，没有任何意义，而如果我们努力享受生活，面对真实的自己，不断成长、学习、创新，那么我们就能够告别对普通的恐惧。

我们中大多数人都会认为自己的孩子很棒。有时他们也特别擅长某件事情：唱歌、画画、演奏某种乐器、对球类运动有天赋（或是擅长）、展现出超乎寻常的表演技巧等。但在人生的旅途上，摆在他们面前的艰难任务是，就算聚光灯没有照在他们身上，就算他们没有进入本应该突出他们过人才能的精英学校，他们也要幸福快乐地生活下去。为此，我们需要帮助他们保持稳定、一致、可靠的自我形象。如果他们与生活的契约只依赖于独特所带来的愉悦感，那么哪怕有一丁点的普通，他们都会受伤，甚至发怒。因为我们都是普通人，是拥有有限寿命的血肉之躯，一旦他们直面自己的普通，他们所有的激励机制都会转向逃避，或是转而进行固执、无用的抗争，以找回独特给他们带来的那种梦寐以求的感受。在社交圈里、在年会上，他们会遇到困难，因为青少年正在寻找的是一种不同于被动观众的身份；当一段感情的迷恋期过去，枯燥乏味的日常生活到来时，他们会难以应对；工作后，当他们没有受到表扬或感受不到自己的重要性时，他们会不知所措。

此外，我们还必须解决的问题是，我们自己是怎样对待这种独特感的。我们已经非常清楚自己有多么普通了，但当我们有了一个格外漂亮、格外有天赋、格外特别的女孩时，我们会觉得，或许借助她的力量，我们能重新登上那个舞台。而当她在生活中遭遇挫折时，我们会感觉自己受到了极大的羞辱。我们会告诉自己我们理解她，我们之所以崩溃是因为我们为她感到心痛，我们之所以拼命送她去好学校、学习各种课程、参加音乐表演或各种活动，是因为这些非常适合她。但事实却是，我们正在做的事情只是专注于我们自己，教她不能选择做一名普通人。毕竟，我们为了她能与众不同投入太多。而这就是问题的开始——在未来的很多年里，这都会是她最害怕的事情。她不明白为什么自己没办法开心起来，为什么她放弃了那么多能够带来快乐的事情，为什么她与生活订立的满足感契约是如此狭隘和局限。

对我们来说，重要的是要意识到，赞美孩子的独特性可能会给他们带来毁灭性的打击。我们需要教会他们感受平淡生活的乐趣、扮演某种角色的乐趣，甚至是失败的乐趣。不要忘记，孩子的内在对话掌握在我们手中，而正确的内在对话应该是："虽然我失败了或是没有被接纳，虽然他们没有和我一起玩或是当我举手时没有让我发言，虽然他们没有对我留下深刻的印象，但是这些都没关系。我能够应对那种平凡的感觉，我仍然爱自己，能够看到自己最好的一面，不会浪费精力在受伤、发怒、逃避或是为自己树立假想的敌人上。我知道自己是谁，这些事情不会让我有不被看见的感觉，也不会影响我的自我价值感。"

我说这些并不意味着我们不再期待孩子在我们眼中和心里点燃火花了——当他们在客厅的桌子上跳舞时，我们还是会赞美他们，并报以热烈的掌声。但同时，我们也会看到他们拥有的最普通的品质，每天都认可并充分欣赏他们表现出来的这些品质。因为有耐心、懂克制、努力、有决心、乐于助人、具有幽默感、懂得倾听——这些都是能够提高孩子毅力和韧性的品质。当观众没有出现，聚光灯也没有点亮时，我们会在那里为他们鼓掌，这样他们或许就可以接受生活所带来的美妙的平凡感了。

— 45 —

帮助孩子摆脱Instagram带来的困扰

"每个人都有自己的生活,但我什么都没有,妈妈!你明白吗?我什么都没有!"说完她就开始给我展示证据。她打开手机中的一款软件说:"昨天凌晨两点——凌晨两点,妈妈!我的两个朋友一起出去玩了。今天早上其中一个人又发了另一条动态:照片里她望着大海,手里拿着一杯粉红色的冰沙,配的文字是'粉红色的生活',还用箭头指向那杯冰沙。"然后,她又给我看了她那两个朋友的另外一张照片,在咖啡店拍的,这家咖啡店就在我们家旁边;显然她们路过了我们家,但没有邀请她加入。还有一个朋友,昨天给她发消息说自己不想庆祝生日了,现在却在Instagram上发了气球和其他两个朋友给她生日惊喜的动态。我的女儿站在场外观望着她现在没有过上的生活、她错失的机会、别人的聚会和笑容、别人的亲密无间和孤独的自己,难过的想法油然而生:每个人都很开心,每个人都玩得很开心,只有我不是。可她呢?她或许不够好、不够好看、不够酷。刷着Instagram,她仿佛从公主变成了青蛙,但并没有人拎着水晶鞋来找她。

青春期女孩的社交圈一直都是冷酷无情的。男孩习惯了被拒绝、失败和孤独的感受——虽然痛苦但还可以忍受，女孩却陷入妒忌、自我形象问题、侮辱性讽刺和社交冷遇的泥潭中，这些并非源于恶意，而是源于人际关系中存在的层层敏感和脆弱。如今，社交平台上每时每刻都在讲述各种各样的故事，其中蕴含的残酷的细微差别只有青少年能完全理解，故事的声音被放大，变得震耳欲聋。

如果你想要了解这一切，然后去翻看她的手机，你会发现一帮青春期女孩拍摄的兴高采烈的可爱照片，她们都玩得很开心。但是，在青春期的孩子眼中，她只能看到朋友没有给她打标签、评论不够热情、点赞数永远不能让她满意，以及所有那些她没有被邀请的聚会。她透过一扇窗看到了所有她没有出现的地方，而这扇窗让肆虐的狂风呼啸而入。当这一切都涉及自我形象、社会临场感、个人品牌化和身份塑造时，狂风为这个处于敏感年纪的孩子掀起了不必要的风暴。

但是，这扇窗已经打开了，我们不能把青春期女孩与社交平台隔绝开，我们也不想阻止她们面对现实生活中这样重要、日常的一部分，就好像没人能用"这些女孩太刻薄，你最好待在家里"这样的原因阻止我们离开家或是与朋友见面一样。但是，我们的确需要明白，面对的过程很严酷，也很复杂，有时甚至让人难以承受，而我们必须给孩子提供一些来自父母的意见，这样我们才能与她们在Instagram和其他各种看起来没有恶意的积极社交平台上度过的青春期和平共处，这些社交平台甚至会让完全没有社交困难的女孩感到痛苦。

如果你想要了解她们正在经历怎样的痛苦，试想这样一款软件，每当有人在八卦你的时候，它都会给你发出警告，还特别详细地显示了八卦的内容。我们还没有遇到过这样的情况，但对一个青春期女孩来说，不停地曝光在她朋友的社交生活中会让她感到痛苦、迷茫，并定期向她的空间注射一定剂量的毒药。作为父母，我们的任务不是切断她与这一切的联系，而是每天给她青春期的小小静脉中注射权衡事情轻重的能力，把这种社交场所变成你们能够聊的话题，试着去理解这种场所，不受它的影响，不和她们一起为此烦恼。

需要重点说明的是：在每个以教育为基础的父母任务中，当青少年正在承受痛苦，跑来告诉她的父母她的生活有多糟糕，她透过那个小小的手机屏幕看到的东西有多让她生气的时候，我们最不该做的就是和他们展开一段关于如何权衡事情轻重的谈话。在这样的时刻，我们需要给予她理解、倾听与拥抱，告诉她这件事有多无礼，多让人痛苦和费解，试着和她一起想出能够帮助她的办法。最重要的是，我们应该让她明白，她感到难过是有原因的，每个跟她处境相同的人都会有她那样的感受。像给植物浇水一样，我们循序渐进地反复找寻其他时机，来使用装有我们观点的注射器。我们可以在一次五分钟的谈话中把观点注入其中，告诉她我们自己在脸书上的遭遇或是在谈话结束后我们的想法（第二天，当她已经有了不同的经历时），同时对她的Instagram表现出兴趣。通过多次闲聊，潜移默化地给她传递这些信息，帮助她构建一个思想框架，把她从痛苦、孤独或缺失价值感的日子里解救出来。外在的谈话也可以深入到内在。过不了多久，下一次当她感到痛苦时，我们就可以提醒她一两个她已经明白了，但由于令人痛苦的羞辱感而暂时忘记的道理。

同时，下面是当她遇到困难时你需要不断提醒她的事情。

记起你遗忘的事

其他人发的照片能对我们看待自己的方式产生巨大的消极影响。当我们成年人看到自己的朋友出国游玩、听音乐会、去饭店吃饭、庆祝、约会、邀请别人和被别人邀请的时候，我们也会感到痛苦。提高自己适应力的诀窍并不是与他们断开联系，而是要学会在由他人的成功和幸福制造出来的扰人的背景噪声中过好自己的生活。昨天，当其他人看到你发的照片时，也会觉得自己是个局外人、失败者，不够自信，如果你能意识到这一点，那么就可以把它作为一个道德指南针，来调整我们对在手机屏幕上看到的故事的相信程度。

照片所拍摄的故事只代表一瞬间

把生活定格在幸福上演的特定时刻，这是多么美好的礼物呀。和朋友一起坐在咖啡店里等奶昔，想想接下来你们要一起去玩很酷的回旋镖、看视频、听故事、拍照，那该多有意思。拍下一起相处的快乐时光本身就是一种社交活动，但你需要记住一点，拍完照片后，我们还是应该继续待在一起、相互帮助、愉快地聊天，与我们拍照的时候一样开心。而且，也许真正最美好的时刻是镜头没有记录下来的那些笑容？是真诚的笑声、互相之间的倾听、朋友给你讲的故事？虚构的、演出来的和照片中的世界是不存在邪恶的世界。但如果你记得，重要的是在屏幕之外也能够享受与大家在一起的感觉，那么大家不仅会喜欢与你一起编织故事，也喜欢与你相处。

讲述你自己的故事

朋友刚刚买了阿迪达斯的书包，用新滤镜拍照的话特别好看，或者她正在蓝色的海边喝粉红色的饮料，这些是不是意味着你一无所有呢？这一切只能说明，你正在看着她展示你现在没有的粉红色饮料、新滤镜和阿迪达斯的书包。我知道，当看到别人的幸福时刻时，你会觉得自己好像一无所有，但不要让这种感觉占了上风。我并不是说你看到的都是假的——她们可能的确过得很开心。但你知道什么绝对不是真的吗？是你在脑海中形成的那些想法，你觉得自己的生活没有乐趣或是没有归属感，觉得自己不漂亮或不快乐，你没有买新的东西，觉得每个人都在享受当下的生活，只有你站在场外观望，这些想法才是谎言。

创造新的现实

不要再编造这些让你厌恶自己的谎言了，记住你是多么美好和惹人喜爱，和你在一起是多么令人开心，你的胸怀有多么宽阔。想想自己是多么喜欢跳舞、画画、听音乐、编辫子、玩大富翁、看书、和朋友共度美好时光。暂时把手机放在一旁，选择一件你喜欢做的事，一件事就好，然后做一些能够让你感到快乐的事情。当你能够感受到发自内心的快乐时，其他女孩有阿迪达斯书包这件事就不会让你那么痛苦了。

— 46 —

父与子，母与女

虽然在性别背景下讨论育儿在政治上并不正确，但几乎所有父母都体会过女孩和男孩之间的不同，也经历过父子或母女间的冲突，仅仅因为我们与孩子性别相同。妈妈对儿子温柔的爱，养育女儿的爸爸有多么快乐，这些都是老生常谈的事情。在我们家，我擅长处理尤瓦尔用他自己都意识不到的尖叫声对男孩发飙的情况，而当我们青春期的女儿令我发怒、失去控制的时候，他也会在一旁嘲笑我，我站在她的面前，仿佛正在面对我自己或我的母亲，以及我所有的缺点。

"别插手。"当我想要就他对男孩做出的反应发表中立意见的时候，他这么对我说，但他实际想说的是："让我跟着自己的直觉走。我现在很受伤，因为我知道当一个男孩是什么感觉，你对此一无所知。所以，就让我意识不到吧，让我的声音听起来像我父亲那样吧，因为现在我没有其他方式能和他沟通。现在我的注意力都在自己身上，只想痛骂他一顿，因为这样我才能消除我对他的那些令人担忧的预感。"

即使我们已经读过所有的家长指南,认为自己具备了养育快乐孩子的所有知识,但还是会有遇到盲区的时候。这时,我们会以一种非常情绪化的方式对特定孩子发生的事情做出反应,如果有人能以旁观者的身份看我们,他们会不理解为什么我们的反应如此激烈,为什么我们不能放开手,用不同的方式传递信息,为什么在那个时刻无法说清谁是家长、谁是孩子。

如果我们能够发现这种情况下自己的过激反应,我们就有机会懂得并意识到,我们这种反复无常、感到失望、受到侮辱和过度愤怒的反应与孩子及其行为无关,虽然他们的行为可能会让人无法接受,但其实这是关于我们与自己的镜像之间脆弱的相遇,它正回头看着我们,激起我们的反应:提醒我们童年时期的痛苦经历、隐藏的恐惧、未被满足的愿望和来自过去的声音。而当父亲面对儿子、母亲面对女儿时,这种相遇会更加令人痛苦。

这些特定时刻为我们提供了把自己的创伤抛在脑后的好机会,让我们意识到我们已经过分投入了。这个女孩选择邋遢地出门,嚼口香糖或是表现粗鲁,她没有像我在她这个年纪时那样为考试努力学习,没能在社交圈发挥适当的作用,无论我们说多少次,她还是把毛巾留在地板上,听糟糕的音乐,让我担惊受怕,让我感到羞耻,顶撞我——这个孩子只是在让我面对自己,面对我母亲对我的反应,面对我想要让这个年轻的女孩不再犯我之前的错误、成为现在的我的升级版这个愿望。但不知为何,在我和她之间,我的所有痛苦永远存在,而正是因为这种痛苦,我才做出了过激反应。当她的哥哥或弟弟表现出相同行为的时候,我的反应则完全不同。我要么一笑而过,要么稍加评论,或者用理性、有条理的方式和他们谈话,或是简单地把他们的表现归咎于青春期作祟。

但对尤瓦尔来说，事情则正好相反，男孩会激起他的消极情绪，而当面对女孩和工作时，他都会很好地调节这种情绪。如果我们的儿子轻言放弃，没有成果、没有野心、没有男子气概、不够独立、不够熟练、不够自信，或是没有具备一些品质——任何与尤瓦尔自己的挫折、没能解决的问题或者与孩子的梦想有关的品质，那这些年努力压抑在他心中不断升腾的压力、炮弹和怒火就全都爆发了。他不会让孩子放弃，他不会允许自己的儿子失败、笨拙、过分敏感。特别是因为这会给他们造成很大的痛苦，而且他错误地认为自己拥有掌控权，就像我面对女孩的时候一样。

所以，有时候我们需要倾听另一半的观点，因为他们不会遭受我们遭受的痛苦，我们也需要卸下放在自己肩上的重担，卸下会让孩子承受一生的重担。我们也要想想，如果孩子没有按下激怒我们的按钮，我们该如何与他们相处，才能更好地理解怎样去平衡自己的声音和反应。如果能够做出这样的反应，我们可能会成为更好的父母。我们要记住，无论他们是谁，他们的性取向是什么，他们有多美丽、多苗条、多成功或是多善于交际，我们都会陪着他们、爱他们、为他们感到骄傲、无条件地接受他们。因为没有人比我们更清楚，女儿不被妈妈接受或儿子不被爸爸接受时承受的痛苦有多大，以及这样的情感经历会给孩子留下多大的创伤。如果我们不是任何人梦想的延续，那该是多大的解脱啊。

我想，只有在怀孕十二次、生下五个孩子之后，我才终于意识到，我正在让孩子成为当初我妈妈想要培养却没有实现的样子。当我觉得五个孩子还不够的时候，我才意识到她在我心里留下的洞永远也无法填满了。我不喜欢披散着头发，因为她无法忍受；我总是觉得自己还可以做得更好，变得更整洁、更苗条、更聪明，因为我一直在透过她的眼睛看自己。几乎每晚，当我上床睡觉时，我都会问自己——如果她在这里，她会为我骄傲吗？我做的已经够了吗？我还要怎么做才能成为她心中十分想要的那个女孩？如果她能够无条件地为我感到骄傲的话，那么这一切对我来说就容易多了。

47

永恒的黄金时光

夏日有时令人觉得是充满回忆的季节。炎热的天气不可避免地把我们的"父母系统"调成了"回忆制造"模式：游乐场、天然小径、出国度假——这是摆脱日常生活的束缚、精心策划的一次快乐的逃离，所有的一切都被完好地拍摄和记录下来，构成孩子内心拼图中极有意义的一块。我们带着很多美好的想法出发，但还是有一个难题萦绕在我们的脑海中：我们一家能够开心地度过七八月的炎炎夏日吗？我们能一起开怀地吃饭、在山间或海边拍精彩的照片吗？

现实带给我们两种不同的回忆：

第一种实际情况：她又在餐厅洒了饮料，而我们已经没有能换的干净衣服了；这顿饭简直贵得离谱；尤瓦尔和我一起吃了一盘食物；因值日而不满的少年不爱吃他的食物，一直在确认我们注意到了这件事；两个孩子因为坐的位置吵了起来；因为她不让他咬一口她的吃的，他嘟囔着说她抠门、讨厌，这件事又掀起了一场战争，俩人要清算十二年的账；老幺去了三次卫生间（其中有两次都是装的,因为她可能觉得让妈妈陪着去卫生间是件幸福的事)。但是,嘿,至少我不用做饭,也不用跟在他们后面打扫卫生了。多么美妙的假期啊。

第二种实际情况:饮料洒了之后,我看着尤瓦尔,叹了口气,笑了笑(他很少笑);我把手放在抱怨食物不合胃口的少年的膝盖上,以示安慰;当另一个孩子和他妹妹吵起来的时候,我又讲了一些他们小时候发生的关于剥夺和仇恨的趣事,这让他们刚刚开始的"大战"变得索然无味;在带着老幺去卫生间和两个孩子抢座位的间隙,我问每个人到目前为止最让他们开心的事情是什么,轮到我的时候,我和他们说,现在就是我最开心的时刻。这就是我——一个不缅怀过去也不向往未来,只享受当下的女性。让自己享受此时此刻的生活。这件事有多么重要呢?我们随之展开了一场关于与过去和未来相比,当下有何意义的哲学辩论,并和老幺解释了什么是过去;我看着我们所有人,所有的错误和不完美,在心里笑了笑,接着,账单来了。"每当他们把贵得离谱、完全不值这顿饭价格的账单递给我们的时候,我们都用只有我们自己能懂的语言编一个骂人的词吧。"我提议道,然后他们编了很多骂人的新词。我放声大笑(尤瓦尔很少大笑),等到服务员拿着找的零钱回来后,我要求坐在他们爸爸身边,解释说坐在他身边比挨着甜点坐还甜蜜,他是属于我的甜点。他们纷纷给我腾出了空间,然后老幺这次真的要去卫生间了。

童年记忆是由我们内心最主观、最复杂的记忆交织而成的。那些我们铭记的事情、我们完全遗忘(但我们的兄弟姐妹却记忆犹新)的事情,以及那些经过岁月的洗礼被重新解读的事情——这些都是我们的一部分,陪伴着我们,直到我们为人父母,让我们心痛，给我们慰藉。这些记忆包括嗅觉、味觉、触觉、听觉、父母争吵、家庭旅行、兄弟姐妹之间的关系、晚餐、假期。如果我们的童年经历能够充满快乐、温暖、舒适和欢笑，我们就能够以积极的人生观踏上生活的旅程。如果我们儿时的生活充满消极体验、害怕、压力、焦虑、紧张或是悲伤的话，那么未来我们可能也很难做出不同的诠释。

夏天只是一个借口而已，一个幸福的借口，能够让我们把疯狂的生活按下一两周暂停键，专注于享受当下。我们无论是通过机场的安检、去迪士尼玩、和爷爷奶奶或外公外婆待在一起、一起在家过一周、去海滩还是去超市，都可以享受当下——说到底，我们能够控制的只有我们的"经验自我"。我们无法控制孩子的"记忆自我"，也无法控制洒出来的饮料或孩子们的争吵。我们最大的责任是告诉他们能够在照片中看到什么：哪一家人正在普通的餐馆吃饭？重要的是什么？哪些事情不值得浪费精力（责骂、威胁、告诉他们我们付出了多大的努力，这样他们就能享受其中了）？他们是什么样的人（能让人与之快乐相处的人，虽然有时并不是这样）？而遇到麻烦的时候才是对我们家长最大的"记忆考验"——这时家长的自动反应会铭刻在他们的记忆中，你决定了未来当他们的孩子洒了饮料时他们的反应。因为最有意义的记忆并不一定是我们记得的事情，而是那些不知不觉中在我们的脑海中留下印象的事情。

当我们能够享受当下，选择只记住令人愉快的事情时，我们就创造了美好的记忆：我们不需要控制自己的诠释方式，反复确认我们期待的旅行手册上描绘的一切能成真，梦幻般的绿色草原、铺着白色床单的大床，并敦促自己不要错过，而是要让自己乐在其中，享受在去电梯的路上和孩子的交谈，看着他们一个挨一个地睡在一起或是聊些他们平常不会去聊的事情，在没人认识我们的商店里试穿我们永远不会买的衣服，对没能成功或没能解决的事情一笑了之，一起在车里大声地唱歌。我们需要让自己更像注重体验与记忆的孩子，更不像计划好一切和感到失望的父母。

不是只有在夏天才能拥有美好的回忆。我们的孩子身上自带感受器，他们能感受到每一次的快乐。这里我们介绍一个熟悉的术语：黄金时光（quality time）。黄金时光经常会伴随着不必要的支出：在商场购物、在餐馆吃饭、去游乐园玩、每周都留出一下午的时间做一些让我们能够更亲近的活动。尽管我完全支持任何能够让家长和孩子都从日常烦恼中抽身的价值体系，但我们为什么要特意开展特殊活动，和这个世界上对我们来说意义最大的人待在一起呢？为什么要把这一天标记在日历上，像是工作时召开的战略会议？

孩子只需要享受此时此刻，纵容自己没有计划能力或缺乏计划意愿，更喜欢说"我想要"，而不是"我应该"。当他们年纪尚小的时候，我们允许他们这么做，让他们体验当下，因为我们清楚地知道，玩耍对他们的成长很重要，开怀大笑有利于身体健康，把自己裹在泥里特别有意思。但等他们上学后，契约的内容发生了变化：之前重要的玩耍时间被挤在接他们放学和在家里学习认字和做算术题之间，而如果我们效率够高的话，他们可能会有时间玩一小会儿，但玩的时间通常会被屏幕时间所取代，因为我们也需要安排一些屏幕时间。

黄金时光这个概念是一个让人感到遗憾的副产品，是由缺少闲暇的文化造成的。它是由一套文化价值观产生的，这种价值观要求我们先做必须做的事情，然后才能抽空去做我们想做的事情。这种观念旨在借助目标导向的掩护，淡化父母因缺席孩子的生活而在心中产生的内疚感，给他们传递这样的讯息：花时间和你的孩子在一起，给他的电池充电，提醒他他对你有多么重要，提醒你自己有时候花些时间和他在一起也不错。

但事实却是，和孩子在一起的黄金时光远比你想的简单得多。黄金时光由许许多多短暂的瞬间构成，比如当你放下手机，推迟一会儿写邮件、洗衣服、做饭、打扫房间、做其他吸引你的事情时，你可以用语言表达出来："嘿，约阿夫，有空和我一起坐坐吗？""希拉，我有些工作上的事想问问你的意见。""罗娜，陪我一起准备晚餐吧，我们可以小聊一会儿，就只有你和我。"你需要强调的词汇是"你和我""一起""单独"。这种时光也可以和其他兄弟姐妹一起度过，作为你日常生活的一部分；没有必要特别为此支出或是想出创造性的点子，也没有必要上传一张标题为"和妈妈在一起的时光"的照片。

用鼻子蹭蹭四岁宝宝的耳朵，让她也和你做同样的动作，给这个动作起一个名字，然后你们因为很痒而大笑——这是黄金时光。当青春期的孩子坐在你的车里时，让他用扬声器放一首他喜欢的歌（而不是用耳机听），然后笑着告诉他这不是你喜欢的音乐类型，但你很幸运能和他在车里一起听这首歌，不然你会觉得自己更老了——这是黄金时光。你在工作时受到了羞辱，不知道应该怎么办，就这件事问问你十岁孩子的意见，认真聆听他的想法，告诉他他的解决方法特别好——这也是黄金时光。把橘子摆在桌子上，用幼儿园里小朋友的名字给它们起名，告诉她你今天读到的东西，问问她对此有什么想法，一起坐在沙发上，一起涂指甲，或是一起跳水坑——这些都是黄金时光。

我们和孩子一起做的很多事情源于我们对创造回忆的渴望——我们特别想让他们记住那次旅行，记住那个假日，记住我们为他们举办的疯狂的生日聚会，记住他们收到成绩单的那一天。但事实却是，最有意义的回忆跟这些活动和聚会无关；真正的回忆是感官和情感的体验，无须用语言证明，当然也用不到信用卡或成堆的礼物。这些回忆将成为他们自身的一部分，凝聚成他们为人父母的方式，决定他们未来寻找的另一半的类型，这些回忆存在于真实、安静、私人的地方，存在于身体接触、眼神交换、彼此身体的味道、烹饪的香气中，存在于朴实无华的日常相处中，不需要特定的时间，也不需要记在日历上；它们是与黄金时光正相反的那些日常时光。

— 48 —

老一辈的育儿之道

"现在的父母害怕做父母!""父母害怕自己的孩子!""现在的父母已经没有权威了!""我们抚养的孩子都被宠坏了。我们不停地表扬他们,然后为他们二十五岁还在家里生活感到惊讶。"这些都是如今西方最好的育儿专家的观点,它们无疑会让父母感到更加不知所措,将他们直接引向一个再教育系统,重新教他们如何做父母。"把屏幕从他身边拿走!""直视她的眼睛,让她知道在这个家里谁说了算!"他们还总结出很多其他秘诀,关于如何成为好的父母,如何养育成功、快乐、有礼貌的孩子,让你的孩子厌恶色情片和毒品,喜欢洗碗,还能够用自己的零用钱买学习用品。

当我看到这些感叹号的时候,脑海中不由得浮现出很多问号。或许我们已经有些困惑了?或许我们太过专注于自己、工作、破灭的幻想、经济压力,尝试保持各方面的平衡,却忘记了养育子女其实是一件非常基本的事情?

总而言之,我们父母的育儿之道其实不算太糟。有些人可能会说那也算不上特别好,但没人能反驳这样的事实,那时,摆在父母面前的困惑远没有现在这么多。他们的养育经大抵是这样的：生活很难；孩子不在我们优先任务清单的首位；你只需要偶尔纠正孩子的错误，剩余的时间他们可以四处闲逛，我们不知道他们到底发生了什么也完全没有关系。除此以外，上学很重要，刷牙也很重要；不能和老师争吵，吃东西要吃饱。他们的养育经里并不涉及素食主义、无麸质饮食、有机蔬菜和平衡膳食。只有在非常极端的情况下，孩子的主观世界、他们的情感与思维、学习障碍和社交挑战才是让父母难以入眠的事情。

然后我们就长大了。不知怎的，我们就长大了。我们把自己弄得很脏，身上也有淤青；我们有些惧怕自己的父母；当我们迷茫或困惑的时候，没有人在电话另一端安慰我们；我们住在简单的卧室里，墙上挂着从唯一可以买到的青少年杂志上找到的海报；我们在杂货店里顺手牵羊；我们并不总是能做完作业；我们还走了很多路。我们过着属于孩子的生活。但我们一定会刷牙、听老师的话、花很多时间进行户外活动，每次父母对我们发脾气或是训斥我们的时候，我们都会注意听。

但现在已经完全不同了。如今的社会存在着代沟，充斥着大量新的技术文化，涌入了很多顾问与临床医生。所有这些都催生了养育漂亮、聪明、才华横溢的孩子的需要和压力，他们就像我们在生活中代表胜利的架子上展示的东西一样，同样可以展示的还有精致的房子、一尘不染的汽车、令人印象深刻的头衔、腾飞的事业，以及去国外度假的照片。尽管如此，还是有一些历经岁月的洗礼，值得我们留存的父母辈的育儿之道。

应该让孩子爬树

我童年的头几年是在以色列北部城市海法的一个安静社区度过的。一年级时，我独自一人步行去学校。靠我的小短腿走到那儿需要半小时。在回家的路上，我和朋友会在树林里驻足寻找蛇，爬上那棵特别矮的松树，树液粘在我们的膝盖和手指上。我们会向山谷里扔石头，然后赶快回家，因为内心的时钟告诉我们，妈妈此时已经在窗口等着我们了，正在为我们回去晚了而生气，还会为终将暴露的汁液污渍而恼火。我最喜欢的事情是去进行冒险旅行，触摸在绿色池塘里游动的蝌蚪；周六，我和爸爸一起踢足球的时候，他总是喊我"卡里奇"。

但现在，活动垫代替了好好的旧地板和地毯，操场上不再有沙子和旧汽车轮胎，我们应该记住，没有什么比得上擦伤膝盖、裤子上撕破一个洞、往嘴里放一种特别恶心的植物，甚至在炙热的人行道上烫一下脚的了。在你特别担心，用气泡膜把你亲爱的小宝贝裹起来之前，不要忘记他们的童年需要有爬树的经历，因为他们从中获得的信心、学到的风险管理会让他们的擦伤变得值得。他们的童年需要有用放大镜在太阳下点燃一片枯叶的经历，因为这会教给他们一些需要耐心和细致的知识。童年就是进行有趣或失败的化学物组合，制成会溢出或爆炸的药水，具体取决于你怎么看。

承担过小却有挑战性的任务的孩子能够品尝到独立、自信和好奇心的味道。当他们爬到另外一根树枝上的时候，你要在那里，看着他们向下看，虽然距离地面只有三英尺[①]，但他们会觉得自己站在

[①] 1英尺合30.48厘米。

世界之巅。他们的笑容映照出的是你在放手之时给予他们的克服恐惧的信心以及他们对自己的信心。

你无须对一切了如指掌

我从未告诉过母亲我在幼儿园说谎被揭穿的事,当时幼儿园老师无情地在全班同学面前责备我的场景会永远刻在我的记忆里。如果我告诉了她,我非常确定她看到我的谎言被揭穿会很高兴,因为"这就是事实——这就是说谎的代价"。她也不知道奥斯纳特和我在房间里举办时装表演,而且有时候,当我们心血来潮时,我们会一丝不挂地走秀。我也没有告诉过她,当她和爸爸跟朋友在客厅里聊天,蘸调味酱吃东西,觉得孩子们正玩得很好的时候,他们朋友家只比我大两岁的女儿正在教我如何进行法式接吻。我有很多事情都没有告诉过她,但我总是很清楚我的父母会怎样想,如果他们知道的话会做何反应。现在,我们受到的教导是,我们应当监视我们的孩子,检查他们的手机,有条理地问他们问题,同时不忘就我们已经知道的事情多问一些有趣的问题,这一切都只是为了确认他们说的话是否可信。

如今,每当孩子告诉我们一个以"今天在幼儿园他没有和我一起玩"开头的故事时,结尾都是我们和其他妈妈交谈、向幼儿园老师报告,还会在社交媒体上发布"看看其他孩子是不是也发生过类似情况"的帖子。我们必须牢记的是,孩子现在正处于我们已经完成了的学习过程中。她现在第一次遇到不想和她一起玩的孩子,而她最不需要的就是我们歇斯底里的反应,或是替她去解决问题。这样做是对她的轻视,会让她变得更软弱,而且我们的质问和过度的反应都在告诉她发生的一切很可怕。在她的生活中，她还会遇到几个不想和她一起玩的孩子，而有时候，她也会是那个不想和别的孩子一起玩的人。她需要你不会入侵的私人空间。

我们只需要问她感觉如何，是生气的感觉多些，还是受伤的感觉多些，她是否觉得她想哭或冲那个孩子大喊是不好的行为。我们要给予她信心，让她知道这种受伤的感觉会逐渐减弱，然后她就会知道怎么去做。毕竟，为什么你就知道对她来说最好的解决办法是什么呢？为什么是你而不是她呢？她是如此聪明的孩子，一定会想到很多解决问题的好办法的。

那么，面对网络上的危险，面对网络社群中潜伏着的"狼"，我们应该怎么办呢？我们需要毫不犹豫地肩负起与孩子进行谈话的责任，最大程度地敞开心扉、引起他们的兴趣，这一点是最重要的。是的，这种谈话的确不太讨人喜欢，如果我们能够拿到他们的手机密码，看看他们每天都在和其他人聊些什么的话，想必我们会轻松很多吧。但试想一下，如果在一段亲密关系中，你必须每天检查一次对方的手机，看看他在和谁聊天、他在网络上看些什么视频、他是怎样发表评论的，仔细想想你是否可能为此忽略了基本的事情。的确，和孩子保持良好的关系不是一件简单的事，有时候你和他们的谈话可能会令人感到尴尬或者不那么愉快，当你和他们谈论合适的网络行为时，要思考如何才能让他们明白你的用意。虽然这很难，但比起在他们入睡后，以保护他们免受伤害的名义窥视他们的生活，这样做更有建设性。

此外，请记住，如果你们开始了"警察抓小偷"的游戏，只会让他们把本来愿意与你分享的事情藏在心里。不要批评、惩罚他们，也不要冲着他们歇斯底里，而是要向他们证明，当他们遇到麻烦或把事情搞砸了时,你值得成为他们的伙伴,而且你们可以一起从每次错误中总结经验。请记住,不把所有的事告诉你也是分离故事的一部分,而与你分离是他们必须经历的事情。小时候,他们会保留一点你不知道的事情,而长大后,他们会保留更多。但如果你能够与他们保持良好的关系,那么你就享有特权,当他们遇到麻烦时,会第一个想到给你打电话,这比对他们的一切了如指掌重要得多。

孩子的情绪不应该只有快乐

我讨厌和爸爸妈妈一起外出办事时,自己在车里等着。我觉得自己就像一个无上限的停车计时器——没有空调,没有时钟,没有尽头。我不喜欢,因为这件事太无聊了,我只能一直盯着有点裂开的座套一角,等着妈妈或爸爸从食品杂货店、银行或苗圃回来。而等他们回来后,他们的包里从来就没有什么能让小孩子开心的东西,只有他们需要买的东西。

在过去,几乎每天都会发生父母轻打孩子耳光的事情,我很高兴地讲,这种情况在很早之前就不复存在了。但让我们想想使用这种痛苦方式的父母,他们明明知道这样做会让孩子不开心,甚至感到受伤或受到羞辱——他们清楚地知道,在面对重要的、权威的教育者时,孩子应该也能够承受住这种痛苦,这样才能帮助他们吸取教训,更好地生活。

现如今,这种方法已经远离我们很久了——我们想要让孩子开心,想尽一切办法减少他们成长过程中的挫折体验。当他们不悦时,我们的警报也随之响起,并快速帮他们扫除道路上的障碍,为他们解决问题，给他们买想要的东西，安排好一切，让他们玩得开心，溺爱他们——以快乐之名做一切事。但实际上，我们的做法并不正确，特别容易误导孩子。"我会给你一切你想要的东西，你只要负责快乐就好。"这其实是一种具有误导性的契约，这样的契约注定会给孩子带来痛苦，让他们确信宇宙的任务就是为他们提供想要的一切。如果他们三十三岁时仍旧不理解自己为什么不能通过看YouTube和吃比萨来谋生，不理解为什么快乐好像离自己越来越远的话，你也无须对此感到惊讶。

你与孩子之间正确的契约应该是"我会给你需要的东西，你要学着感受快乐"。他们不应该同意我们设定的所有界限，也不应该完全理解它们。他们有权听到父母为出于其立场而做的每个决定做出合理解释，感受到被尊重，而父母应该完全能够接受孩子不开心的事实，甚至能够理解他们有多么生气或沮丧。但这并不应该影响父母冷静、坚定地告诉孩子，是时候洗澡、回家、戴头盔骑自行车，或是远离毒品了，而不是通过打屁股的方式。孩子的情绪不应该只有快乐，但他们完全拥有获得快乐的能力。因为在必须面对不想接受的现实时，他们获得快乐的能力会得到最好的锻炼，而当我们给予他们不必要的服务，把他们的快乐当成自己的快乐来负责时，他们就会很少运用自己的能力。

孩子需要父母在家

我的妈妈是学校辅导员，当我们放学回家时，她总是在家。对我来说，她在家里意味着她就是家，像厨房和卧室一样显而易见。她会在那里陪着我们。有时，我有点羡慕脖子上挂着钥匙的孩子，因为他们回家时家里没有其他人。进入空无一人的家中像是一次令人兴奋的冒险。从四点钟开始，拉尼每隔几分钟就会喊一次："妈妈，到五点钟了吗？"妈妈每次都会给出准确的答案。终于到了五点钟，爸爸回家了，感觉距离午饭时间好像已经过去了一年。

女性主义、资本主义和现代社会的成功所付出的最大代价之一就是父母的缺席。我们缺少共同时间、空闲时间和一家人一起打发无聊的时间。在过去，妈妈最多会从事兼职工作，这样她们就能在午饭时回到家里，给孩子准备一顿热乎的饭菜、和他们聊天、帮助他们做功课、打开厨房的收音机、把一筐衣服放入洗衣机、花大量宝贵的时间和孩子待在一起。等爸爸下班回家后，他们会直接和家人共进晚餐，他们不会忙于写邮件或进行电话会议，充其量会看看晚间新闻。房子不大，我们大多要和兄弟姐妹共用一个浴室、卧室或一起刷牙，这些共同度过的时间累积起来能够让家庭的意义更加明确。

如今，爸爸更多地参与到育儿中，孩子也能够看到妈妈从工作中获得满足感，这当然是非常好的事情，但我们要明确一点：没有什么能够取代父亲或母亲出现在家中。在下一个工作日之前把手头的事情处理完后，腾出两小时的时间和孩子待在一起，除此之外再没有什么更实际的办法能够让我们教育孩子，与他们保持良好、深厚的关系了。作为补偿，我们每年来一次开心的家庭度假自然很好。我们对自己说，我们非常努力地工作，这是所有人都需要的，但没什么比得上父母的日常陪伴。就算青春期的孩子忙着自己的事情，小一点的孩子正在外面玩，就算他们刚刚打开门回到家，你也要努力，试着多花一点时间待在家里，让他们感受到你的存在。

— 49 —

离婚——是灾难，还是危机？

"你知道什么是'被割裂的孩子'（divorced kids）吗？"此刻正坐在我诊所里的六岁男孩问道，他正在和他四岁的妹妹一起画画。他们俩告诉我要和奶奶去游乐场时，他没有抬头，只是继续在他刚刚画的蓝色天空上画上一朵黑色的云。"'被割裂的孩子'就是爸爸妈妈离婚了的孩子。"他解释说。

"为什么孩子会'被割裂'呢？"我问他。

"因为不管他们晚上在谁家睡觉，都会觉得自己好像被另一方赶出来了一样。"

我往两个小杯子里倒了一些果汁，然后问妹妹在画什么。

"一家人。"她怯生生地回答。

她在纸上画了四条线，然后用一个圆圈把它们围了起来。

当一对夫妇决定离婚时——无论他们离婚的原因是双方对两人无法继续共同生活达成了友好的谅解，还是厌倦了无休止的争吵、不愿再去进行夫妻治疗；是极度的憎恨，还是让人悲恸欲绝的情感背叛；是强烈的妒忌，还是其他最令人不快的感情中的一种——他们两人都处于个人情绪的崩溃点。

通常,他们知道要像电影里演的那样,或是按照他们上的简短的指导课讲的那样,和孩子"谈谈"。他们知道要小心,要把孩子带到客厅,安静地给他们讲一个故事,告诉他们一段美好的爱情走到了尽头,但友情仍旧存在,爸爸妈妈对他们的爱也永远不会改变。他们不会坐在那里讲述这样的故事:他们之中有人对感情不忠,他们已经很久没有触碰过彼此了,未结清的账单还在不断地累积,曾经的爱情已经被厌恶所取代。当他们把家庭解散的消息告诉孩子时,他们希望向孩子证明,离婚并不是世界末日。

如果能够明智地处理好离婚的事情,那么离婚自然不是世界末日。离婚不一定就是一场灾难,可能只是一次危机,从时间的角度看,离婚甚至会让每个参与其中的人更强大、更有力量。但我们不要忘记,从孩子的角度看,父母的离婚代表着他们的家庭——他们住的房子、晚上睡觉的床,他们的信心、生活和他们的整个世界——的终结。而灾难和危机之间的巨大区别取决于我们能否尽到父母的责任。每分钟、每小时、每天,离异的夫妇都必须向孩子证明,父母爱情的逝去与他们无关,父母不会因为他们互相诋毁,他们不必站队,最重要的是,爸爸妈妈愿意克服个人的危机,永远承担父母的职责。

这其实很难做到。

这种情况下,最大的不和谐之一存在于父母的真实情感状态与他们面对孩子时需要扮演的状态之间。无论对父母中的哪一方来说,经历过情感破裂、愤怒、难过或猜忌,他们几乎不可能像什么都没发生过一样行事——毕竟,即使家长什么都不说,孩子也能够感觉到一位家长对另外一位的感受。我们不是机器人,我们是有血有肉的人，我们正在度过艰难的时期，感到愤怒，因为我们刚刚结束了一段感情。但这段艰难时期的见证者却是我们的孩子，他们是我们最珍视的人，我们必须记住，我们的主要职责是陪伴在他们身边。此时最重要的部分，也是真正需要我们发挥超能力的部分来了。

当孩子在一旁观看我们如何处理危机的时候，他们通常会从我们的做法中学到很多（比如我们处理事情的方式），而我们说出的话通常会让他们感到受伤（比如每次我们把他们卷入我们的争吵时）。所以，如果我们能够照顾好自己的情绪，创造一种没有自以为是、没有互相指责的新的现实环境，那么他们会从中学到什么是勇气。就算我们正在度过艰难的时期，会在深夜哭泣，但如果我们和孩子在一起的时候能够很开心的话，那么他们会从中学到什么是乐观。如果我们能够镇定下来，解决具体的问题，而不是相互指责，那么他们会学到如何承担责任、如何处理不想接受的现实。而如果我们要求他们站队，他们就会崩溃。

让孩子站队的例子有很多，比如，告诉他们爸爸没有及时转钱过来。或者在脆弱的时刻，你决定和他们讲"真实的故事"，因为你觉得他们对你生气的同时也应该对对方生气。或者把孩子当成武器去伤害那些伤害了你的人，嘟囔道："你从你爸爸那儿回来后就变得特别暴躁。""她为什么要把你打扮成那样？""他当然同意你这样做，因为坏人总是得由我来当。""你妈妈来接你时总是迟到。"每当你和曾经的另一半清算账目时，请记住孩子才是最终为此付出代价的人，此时的你忘记了你要扮演的父母角色，忘记了你向他们发誓生活会继续下去，一切都会变好，家也还是会和以前一样，只不过是在两个房子里，你也忘了你的职责是向他们证明，他们正在感受的痛苦是可以忍受的，他们承受得住。

同样，他们正在投入自己大量的精力，来弄清这件事为什么会发生在他们身上，适应每隔几天就要换个地方生活的日子，每晚都思念没和他们住在一起的爸爸或妈妈，并意识到从此以后生日、节假日都不会再像从前那样度过了。他们需要靠余下的力量生存下去，继续前进。而每当你将自己的悲伤或愤怒强加在他们身上的时候，你都是在从他们身上带走他们迫切需要的力量。

人非圣贤，孰能无过。犯错是我们生活中的一部分。我们不应该为孩子树立一个从来不犯错的完美榜样，因为这样孩子就会期盼自己不犯错，生活对他们来说也会更加困难。就像学习如何把饮料倒入玻璃杯一样：他们需要知道，一开始他们会把饮料洒出来，这个过程需要时间，并不愉快，但也没那么糟糕，随着时间的推移，他们慢慢会明白怎样才能倒得更好。他们会学着接受错误与挫折，原谅自己，并且时刻记得饮料很有可能会再次洒出来。但那些自己倒洒了饮料，却希望孩子能够把它清理干净，同时还安慰孩子一切都好，一切都会得到处理的家长，他们应该感到羞愧，因为当孩子弄洒了饮料时，我们应该在他们身旁给予帮助；而当我们自己弄洒了饮料时，他们不应该为我们承担后果。

特别是当他们还小的时候，特别是当他们受到伤害的时候。

就算是完整的家庭，其内部也会就抚养孩子产生巨大的分歧。当我发现我的丈夫对其中一个孩子犯了严重的错误时，我会忍住不说，尽量不去干预他的做法，意识到他也是孩子的父母之一，我必须让孩子面对他，即使这样会让他们受伤（前提是这并非危及生命或对心灵造成伤害的情况）。然后，当受伤的孩子来找我时，我会静静地聆听她的故事，理解她受伤的感觉，试着和她一起找到问题的解决方法，但我从来不会和她结成联盟，把她父亲变成刚刚给予她不合理的惩罚、从来看不到好的一面、让孩子作为他失败和犯错的牺牲品的坏人。作为母亲，我的任务是让孩子表达出她受到的侮辱，理解她的感受，但要真正地保护她，我不能站队，因为那会让她变成一个可怜、软弱、需要拯救的人，而她的父亲会变成一个比真正的他庞大得多的恶魔。晚上，等所有孩子都上床睡觉后，我非常愿意去同我的丈夫讨论这件事，告诉他我不同意他用那样的方式和孩子说话、不同意他的行为和做法。这并不是因为我认为我们的想法必须完全一致，而是因为我们在养育孩子的过程中有彼此不可逾越的底线。

令人欣慰的是，当家庭解体后，生活的确还在继续。你有能力给孩子创造一个更好的、更完整的、更有安全感的现实世界。在这个世界里，他们能够克服困难，意识到自己没有"被割裂"，生活仍在继续，他们没有失去父母，也没有失去自己——他们只是在处理一场危机。如果父母能够采取正确的方式，那么处理危机虽然艰难，但仍旧可以忍受，虽然痛苦，但会让人更加强大。我们的孩子并没有和我们一起许下结婚誓言，实际上，他们永远会是我们的升级版本，被善意所环绕，能够克服一切，把注意力从我们身上转移到真正看见他们自己身上。家庭造成的创伤一度会给孩子的内心带来难过和痛苦、影响孩子的一生，但它也可能只是一场危机，危机结束后，孩子会接受并明确生活还是和以前一样精彩。选择权完全掌握在你自己手中。

— 50 —

给"坏妈妈"的指南

一天结束后,自我怀疑的阴云悄悄溜进我心里。"你做得还不够。"它们对我说。你不够耐心、不够体贴、陪孩子玩的时间不够多、笑得不够多、没有给予他们足够的关注、没有表现出足够的兴趣。我认真想了想每个孩子,试着记起今天在我们之间发生的事情,而我能够想到的只有无趣的细节:送他们上学,接他们放学,为他们做好饭菜。我记不起我们之间的对视,记不起对话或是微笑,只记得一些细节,尤其是发生危机的时候:我们一起找她的几何作业本,她歇斯底里地叫嚷说一切都完了,还说了一些其他的事情,但因为她最近说话极快、含糊不清,我没能理解她的意思。当我失去耐心的时候,当我变成一个坏妈妈的时候,我甚至懒得去想她到底说了些什么,只是假装理解,小心翼翼地做出正确的动作,就像闯入雷区的士兵。

今天还发生了什么事情呢?我和老幺之间还发生了一次甜食危机。如果她再对我说一遍"妈妈,有什么甜食吃吗?",我觉得我可能会失控。不是,我并没有界限问题,但孩子就是要至少每隔一小时问同一个问题，完全不管她得到的回答是什么。有时候，我觉得这可能是她挑起争端的方式。她已经知道我会给她什么样的回答。就好像是每隔一小时，她都会过来对我说："妈妈，我必须感受到自己的重要性、控制权、存在感，所以现在发生的事情就是我问你要甜食，你会说我已经吃了甜食，我会像从未在生活中恨过其他人那样恨你，然后我会生气，开始侮辱你，大哭，尖叫，争吵，保证我这一周都不会再要甜食吃了。你会微笑着说不行，然后我会更大声地吵闹，说你真是个坏妈妈，你根本不关心你的孩子很难过。你会深呼吸，一言不发，只是笑着看我。然后我可能会乱扔东西，上演一场真正的声光秀。大约二十分钟后，我会冷静下来，你会拥抱我，轻声告诉我你爱我。但半小时后，我们又会从头再来一遍。听起来不错吧？"

当我变成老幺的坏妈妈时，我会打开电视，让她把注意力集中在屏幕上，让自己有一丝喘息的空间。在这样的日子里，连时钟都在和我过不去，从五点到六点像整整过去了三小时一样。厨房墙上、电视上、电话上显示的时间仿佛在轻蔑地看着我，它们纹丝不动，交织着电视机发出的声音。"你真的是个亲子关系咨询师吗？"无数想法涌入我的脑海。"看看你自己，真丢脸！"

我试着回想今天男孩们发生了什么。老大说了些关于考试的事情，我当时正忙着，和他说我非常期待看到他的成绩，然后他扭头就回了自己的房间。另一个男孩向我要钱，想要和朋友一起买冰激凌。我很高兴他要出门了，因为我当时正在处理和老幺的甜食危机，我还让他帮我买些面包。但我都没有直视他的眼睛，没有问他在学校发生了什么事情，或者我问了，但坏妈妈并没有记住他说了什么。

当我再想到老四，那个始终表现良好，从来不会小题大做的孩子时，我的心里更加阴云密布、五味杂陈。她是个快乐、善良的孩子，她没事。"怎么可能没事？你这个坏妈妈。"我猛烈地抨击自己。在所有孩子中，她是那个大清早就得被我训斥一通的，原因是我们快要迟到了，但她却找不到自己的校服套衫。"先把准备好的东西带着吧，"我完全不顾她的自尊心，"怎么就能找不到呢？你们是觉得我睁着眼睛的每一秒都能知道你们把自己的东西放在哪儿吗？"我把她的问题上升到了"你们"的高度，但她并没有还嘴。她总是规规矩矩的，就算是不守规矩也不会越界。而我呢？我今天是个坏妈妈。今天，我的确是个坏妈妈。

在你觉得自己是个坏妈妈的日子里，你不会得到拥抱。没有人会看着你，然后对你说："得了吧，姑娘，这样就算是坏妈妈了吗？你才是自己最大的敌人。你内心住的那个坏妈妈？她没什么不好的地方——她只是累了，筋疲力尽，这是人之常情。是的，你可能度过了糟糕的一天。所以现在你为什么要对自己这么苛刻呢，是想要让自己得到应有的惩罚吗？你觉得自己今天和孩子相处得不太好吗？你觉得自己太糟糕了？其实没什么大不了的。"

你必须明白，只有真正的好妈妈才会偶尔觉得自己是坏妈妈。这种感觉是宇宙中最聪明的反馈系统，能够让我们不断进步，理解为人父母所要面对的严峻挑战。是的，有时候这种感觉会让我们抨击自己，感觉自己完全搞砸了，或是跟不上步调，但它是做一位好妈妈，一位最好的妈妈的重要部分。

我们可以假设你的内心住着很多不同类型的妈妈：温柔的妈妈；有趣的妈妈；随和、有耐心的妈妈；既能修理马桶，又能处理工作上的困难的妈妈；开车带孩子兜风、称赞他们、界限明确、根据每个孩子的特点分别对待他们的妈妈。你是能够整理房间、洗干净衣服的妈妈，是能够记得明天让孩子带一个去了皮的土豆上学的妈妈，也是会疲惫、烦恼、健忘、把注意力集中在自己身上、控制不住情绪、大吵大嚷、为自己难过、走捷径，偶尔还会把蹒跚学步的孩子放在电视机前的妈妈。

如果育儿这件事像饲养宠物一样简单的话，那么我们大家一直都会是好父母了。而它们，我们的宠物，会特别高兴见到我们，很少提要求，很容易满足，只会在饿了或是身体不舒服的时候给我们发出信号。而在其他时间，我们会轻抚它们，接受来自它们的爱，给予它们我们的爱，甚至在公园里扔一个球让它们去捡。但养育人类是一件复杂的事情，涉及很多冲突、冲动、内心的挣扎，而且最重要的是，孩子会慢慢产生自己的需求、形成自己的个性，他们的个性在你的空间里与你一同成长，但并不总是与你心中所想相一致，也不一定会产生积极的影响。

我们也是人。我们也是伴随着很多善意、错误、困难和孤独长大的，人人皆如此——生存永远是最复杂的任务，正义终将战胜邪恶。每一个小小的成就都会展现出我们极大的勇气，好爸爸好妈妈会自我批判，这种自我批判会让他们第二天早上带着善意醒来，决心打败自己心中住着的那个坏爸爸坏妈妈。

你是唯一的幸存者。试想一下你自己在一天结束后戴着印有你的部落名字——你的姓氏的头巾。不要只是因为你觉得自己度过了糟糕的一天就把自己淘汰出局。请记住，我们都在努力让自己不那么糟糕，却忽略了要努力对自己好一些。吹散你为自己布下的阴云，让阳光照进来，不要再因为错误徘徊不前。与追求完美的幻想告别，因为这种幻想会塑造出悲惨的孩子。记住，在你的小岛上，明天又是全新的一天。

　　我是个好妈妈。我之所以写这一章,是为了抑制住在我内心的那个坏妈妈。我是个好妈妈,因为我爱我每一个孩子,爱他们本来的样子;因为我能看到他们每个人,理解他们正在做的事情是为了成长而做的。为了让他们有做自己的自由,我可以放弃自己对他们的期望。我是个好妈妈,因为我不害怕有时候做个坏妈妈,因为我放弃了那么多我对他们的需求,也因为有些需求我永远不会放弃。我是个好妈妈,因为我能看到他们身上的闪光点,因为我能感受到他们的存在,因为我能接受他们不完美。我是个好妈妈,因为我清楚地知道自己什么时候会变成一个坏妈妈。

— 51 —

为人母的十八年里，我领悟的十八个道理

我的这份清单，既是列给我自己，也是列给我的孩子们的。这样，未来当他们有幸成为父母，面对养育孩子遇到的复杂情况时，他们会读一读我写的这些东西，或许能够更好地理解自己。他们或许会意识到，十八岁时感受到的困惑在十八岁后也不会消失，生活就是充满了矛盾和对立，哪怕自己到了四十五岁。

1. 好的父母不追求完美

你或许会认为，孩子在降生时是一张白纸，你可以在上面创造自己的杰作。你或许会认为，如果你能成为足够好的父亲或母亲，那么你的孩子也会成为完美的人，但孩子并不是刚刚出厂的汽车。他们到来时可能车身上会有小的划痕，有时车架也会损坏，甚至当他们在我们眼中完美无瑕的时候，在某一时刻，我们发现他们有了一道凹痕，便马上为此伤感不已，想要修复他们。

我从未遇到过完美的人，但我认识很多很多完整的人。每当我遇到这样的人时，我都会想，他们可能有特别好的父母吧：他们的父母一定能够及时给他们加油；他们的父母虽然看到了车上的划

痕，但觉得与生命之旅相比，这些缺陷不算什么；他们的父母并不期待他们成为完美的人，因此不会去修车厂修复车上的凹痕；他们的父母看到孩子身上反射出的他们自己的不完美形象，明白其实一切都没什么问题。

2.你在幼儿园里有朋友

不要总是努力为孩子构建他们的社交生活。用玩伴淹没他们的生活有时只会让你自己平静下来（或是感受到压力）。认真倾听孩子说的话，倾听他们真正需要的是什么。如果你的孩子不愿意隔三岔五地邀请朋友到家里来做客，或是不想去朋友家里，请记住在你工作了一天，他回到家出现在你面前之前，所有时间都是和这些小伙伴共同度过的。你也不想每天下班之后还要看到你的秘书、生意上的伙伴或是同事吧？给他们一点休息的空间——他们一整天都和朋友在一起呢。

3.你确实懂

谁说如果你的邻居兴奋地与你分享她帮助儿子独自睡觉的创新教育方法，而你不觉得有必要尝试这种方法，就意味着你是个坏父亲或坏母亲了呢？你随时都能寻求亲子顾问和咨询师的意见，可你并不总是需要他们。

4.有时你需要"袖手旁观"

虽然他们会制造出噪声、打闹、嫉妒和竞争，但兄弟姐妹是你能给孩子的最好的礼物。他们构成了孩子最能从中学到东西的社交圈，主要是因为兄弟姐妹不会离开，特别是当你"袖手旁观"的时候。

5.让他们帮忙做些事情

孩子要觉得自己是个有用的人才能够不断成长。他们会从行为上（比如叠袜子）和情感上（比如让你休息一会儿）感受到自己的作用。让他们帮忙做些事情吧，因为没有什么感觉能比这种感觉更好、更重要的了。记住，当你溺爱他们，夺走他们存在的意义感时，你是在害他们。如果孩子无法找到成为一个有用的、独立的、对他人有帮助的人的意义的话，他们会产生被剥夺感，成为被惯坏或是不愿合作的孩子。

6. 别回答，仔细倾听

我们总是假装在听孩子说话。我们会怎样对待日常生活中成百上千句以"妈妈……"开头的话呢？我们会一边刷脸书，为我们完全不认识的人发布的帖子点赞，一边给孩子一些自动回复，像是"真的吗？""那太好了！""真的吗？"。当我们抽出时间倾听时，又总会很快给他们建议、责骂他们或是把我们的想法强加给他们。但倾听有时候就是单纯地听。他们需要的只是有人能够听听他们说的话，然后给他们点个赞。

7. 你们的关系比学校的任务更重要

学校的任务固然重要，但它的重要性还不至于毁掉你之间的关系。下次当你帮他们解决他们难以理解的家庭作业问题并失控发脾气时，当你威胁他们如果不完成家庭作业就会受到惩罚时，或是开完家长会对他们大发脾气，或是让他们知道你对他们有多么失望时，别忘了这个道理。你想让他们集中注意力完成作业或是教导他们对学习感兴趣不一定值得你付出高昂的代价。有时，这样做只会适得其反，损害你和孩子的关系。

8. 不要给他们贴标签

筛查测验的确是很棒的工具，但当孩子做完测验后，和你一起回家的还是你带去的那个孩子。虽然你现在知道了他有注意缺陷障碍（ADD）、学习障碍、自闭症、自我调节问题或是情绪困扰，但那并不意味着有人换了你的孩子。他还是那么棒、那么了不起，只不过现在他的问题有了一个名字，但不要忘记当你把坐在婴儿椅上的他从医院带回来时，你给他起的那个名字。那才是他真正的名字。

9. 给他们五分钟的时间

黄金时光并不是花一天时间和他们在一起，也不是给他们买很多东西。你们可以在浴室里聊五分钟，拿着手电筒在毯子下面聊几分钟，开车时闲聊，一起看他们爱看的糟糕的电视剧，和他们一起沉浸其中，然后意识到这部电视剧好像也没那么糟糕。黄金时光不是以时间长短来衡量的，而是由质量决定的。

10. 不要比较

总是注意别人家孩子的表现只会让你产生内疚感或是优越感。忘记你认为自己看见的事情吧，没有人的生活会那么容易。别人的孩子在餐桌上表现很好，专心做自己的事，会说谢谢，或是能够睡一整夜——这些都不能说明他们的父母不会在你觉得容易做到的事情上遇到困难。所以不要比较，因为至少有一半的时间比较都在误导你。

11. 不要强迫自己

不要和孩子一起做你讨厌做的事情。好的父母并不一定是每天和孩子一起做手工艺品或每天都去操场看着孩子的人，也不一定是掌握良好的运动技巧或是播放大量古典音乐的人。好的父母是花时间和孩子一起做有趣事情的人。

12. 他们生气也没关系

不要因为孩子感到不满就惊慌失措。不要仅仅因为孩子此刻生气或沮丧就认为自己是坏父亲或坏母亲。快乐的孩子并不是所有需求都能得到满足的孩子，而是能够看到父母快乐的孩子，是能够努力克服困难的孩子，是能够学会看到玻璃杯半满的孩子（而要做到这一点，你需要看到杯子半空的一面）。

13. 你的批评会摧毁他们

自我形象是他们人生的油箱，而你是控制油箱的人。我从未见过低自尊的人过得快乐。所以，每当你批评他们或是指责他们的时候，仔细想想你是否真的愿意扮演一个只会指责、批评他们的角色。你的批评不值得让他们付出一生的代价。如果她很漂亮，但她不觉得自己漂亮，如果她很聪明，但她不相信自己拥有这样的才智，如果她努力取得了好成绩，但还是对此不满意，那么这些就都是毫无意义的。每当你选择看到他们缺失的东西时，你都是在从他们的油箱里拿出燃料。而每当你看到他们拥有的东西时——即便不是那么光彩夺目，你都是在给他们的油箱加油。

14. 强化他们较为薄弱的品质

我们总是表扬孩子最出色的品质、他们天生拥有的品质，却忽视了最需要我们给予积极反馈的品质。这才是鼓励能够发挥最大和最有意义的作用的地方。我们"千挑万选"的孩子可能没那么有责任心，我们的女儿可能没那么有耐心，我们的儿子可能不太懂变通，但我们有义务挖掘他们隐藏起来的品质，并为此兴奋不已，而不是只顾着表扬他们与生俱来的品质；我们必须告诉他们这种品质叫什么，告诉他们，他们正处于获得这种品质的过程中，而他们越长大、越强大，他们身上的这种品质也会变得越优秀。

在家庭生活中，虽然你特别想让有责任心的孩子去照顾他的弟弟或是照看炉子上沸腾的意大利面，让画画最好的孩子给奶奶或外婆画一张贺卡，但有时你也可以把他们两个的角色对调，在安全的环境下培养他们尚未显露在外的品质。当那个责任心不强的孩子听到你说你信赖他，说如果没有他的责任心，你就不会吃到如此美味的意大利面的时候，观察他的内心发生了什么样的转变（有时这种转变也会显露在外）。

15. 谦虚一些

每位父母都会遇到的最大挑战之一是谦虚的挑战：我们要意识到，即便我们认为某个问题有着再清楚不过的解决方案，某种行为只能用一种逻辑加以解释，我们的方法也不一定是合适的那个——这并不是因为我们不对，而是因为我们养育的孩子是和我们不同的人，他们拥有与我们不同的局限、情感和经历。

我们所有的孩子都和我们不同——他们有着各自的个性、脾气和性格——但那个性格特质与我们完全相反的孩子，那个行为和我们的深层价值观（我们的个性正植根于此）相矛盾的孩子，才是我们谈到谦虚的挑战所面临的最复杂的问题。面对这样的孩子，我们尤其需要少懂一些，多问一些。

否则，我们会轻视她、怀疑她，漠视我们之间的差异。其实，孩子永远是最了解什么适合他们的人。

16. 你的身份不只是父母

在宝宝出生的第一年，他们总是也只能看到你作为父亲或母亲的那一面。这时你应当满足宝宝的所有需求，牺牲自己的很多需求。但随着他们渐渐长大，请记住他们需要把你看作一个普通人：看到你也会失败、开心、难过、疲惫、喜欢和他们无关的活动、饥饿、受挫、成双成对、和朋友聊天、在工作中获得满足感。他们需要明白我们也不是完美的人，因为如果父母不暴露自己的不完美，那么他们养育的孩子在面对自己的不完美时就会感到焦虑。而如果孩子看不到父母享受自己的人际关系、热爱工作或是拥有成年人的快乐，那么当他们发现外面的世界并不总是围着他们转的时候，就会有被背叛的感觉。让他们见到真实的你，并且相信他们自己能够处理好自己的事情。

17. 多笑一笑

十多年来，在我和儿童、青少年的接触中，我做了一项小调查，结果表明在孩子眼中，我们大人最悲伤的表情之一就是我们几乎从来不笑。所以，帮自己个忙——多笑一笑吧。

18. 感激你所拥有的一切

下一次家庭旅行时，暂时把焦虑放在一旁，不去想家里还有什么事情没做，不要总是低着头玩手机，偶尔也看看坐在后座的孩子。仔细看看他们每个人，因为过不了多久，他们就会和自己的家人一起坐在自己的车里了。感激你所拥有的一切，记住一家人一起开车游玩是一件多么值得庆幸的事情，给自己一些鼓励，因为做父母实属不易，播放一首快乐的歌曲，祈祷有人会在天上守护你们。

一切就是如此简单。

— 52 —

一句鼓励的话

有时候，当我想起母亲时，心头不免涌起一阵悲伤，为我们之间错失的机会感到惋惜。我想象着她为本想要对我说却没说出口的事情，为本想要支持我却没能做到的时刻，为未能告诉我她有多么爱我，为她对我现在的样子感到多么骄傲而深深懊悔。我想象着她回顾日常生活发生的种种情形，后悔她选择了批评我而不是和我讲道理，想象着她坐在那里，突然意识到到头来，真正重要的是拥抱、相爱、兴奋，以及鼓励的时刻。

而对我来说，我很后悔生她的气，气她给我的世界带来的伤痛。我很后悔没能告诉她她是位多么棒的妈妈，没能告诉她她对我来说有多么珍贵，没能告诉她我知道她几乎无法忍受我们彼此相爱的时间所剩无几，没能告诉她她对我们之间逐渐减少的相处时间处理得有多么好，她一直在那里，幸福又乐观。我也很后悔没能告诉她她是个多么了不起的女性，而我却把注意力都放在自己身上，而不是放在她或我们之间的关系上。

失去双亲除了会带来缺失感和深切的思念，还会留下所有我们没能做到的事情。的确,生命是如此短暂;我们活着,继续完成我们"未完成"的事情,但有一些事情值得我们驻足。这些"未完成"的事情会留在我们身后,刻入我们孩子的灵魂中,构成他们的自我形象。因为无论是心理学家、亲子顾问、药物治疗、教育方式、惩罚、奖励、调查、实践、成就还是其他重要的、或多或少有效果的方法——到头来,最重要的还是多对孩子说几句鼓励的话。而对我来说,这是为人父母最重要的任务。

我们错误地认为,教育孩子就是要收拾他们、给他们设定界限、展示家长的权威、向他们解释他们不理解的事情。这是我们童年的成长经历,也是典型的家长形象——专断、高效、克制。而鼓励型家长则被认为有些松懈、过于热情。但是,你能够通过鼓励性的语言传递重要的教育信息和情感信息,而这些信息无法用任何其他语言来传递,特别是批评或羞辱性的语言。我会告诉孩子我对那些自暴自弃的人、不懂得如何经营友谊的人、蔑视权威的人有什么看法,但我从来不会把他们归入这些人。孩子具备很强的学习能力,能够从他们看到的榜样身上、我们与他们之间进行的有哲理的对话和辩论中学到东西。如果我们批评他们,那么他们只能学会苛责自己,只会觉得自己还不够好。所以,每当你批评孩子的时候,你都是在错失机会,并为此感到困惑不解。你觉得自己是在教育他们,但事实上你并不是。

在我们和孩子签订的契约中,我们需要纳入一项条款,规定无论发生什么,无论他们把事情弄得有多糟糕,我们总是要看到他们好的一面,并鼓励他们朝这个方向努力。而当遇到与他们的想法不一致、他们感到困难的情况时,我们也不要小题大做。这并不是因为我们不关心他们,而是因为我们应该在孩子内心的协议中留下这样的记忆："我家里的每个人都相信我。就算我没成功,爸爸妈妈也不会对我失去信心,不会让我受到更深的伤害,他们总是会看到好的一面。他们能够看到我表现出的美好品质并鼓励我继续努力,这也让我能够看到自己身上的美好,能够理解只要我努力做好事,作为回报,我就能够收获热情、赞赏和尊重,这比做不好的事情而且一无所获要有价值得多。"是的,只能一无所获。

如果孩子在自己家中感受不到存在的意义,那么当他们不愿配合("每天早上我都得求你赶快收拾好。")、不做作业("你有作业要做吗?你打算什么时候做作业?作业需要帮忙吗?")或是行为不当("回你自己屋里。""说对不起。""我们晚上谈谈这件事。""你会为此受到惩罚。"),而我们关注的也是这些问题时,他们会得出错误的结论,认为自己是不听话的孩子,认为这就是他们能够属于这个家庭的唯一方式,这就是他们扮演的角色。如果只有这样做他们才能得到重视,那么他们为什么要停止这种行为呢?他们为什么要放弃在家中所处的这个位置呢?而你为他们做了什么,才让他们扮演了这样一个不同的角色?那是因为等他们发完脾气,冷静下来后,没有人因此表扬他们,对他们说:"你是个懂得如何让自己平静下来的孩子。你克服了自己的挫败感,真棒。"但当他们正在发脾气的时候呢?他们渴望得到关注、引起注意、感受到存在的意义。

的确,当一切看起来没什么值得称赞的地方时,你很难说出夸奖的话。但是你知道吗?永远会有值得称赞的地方。你需要真正地去寻找它,咬紧牙关,不怕感到些许尴尬,因为我们没有练习过如何说出表扬的话。但试想今天是你生命的最后一天,当然我希望这样的事不会发生,并记住你在孩子的意识里留下的印象会伴随他们一生，而且你明白，你对他们的看法和信任会帮助他们在遇到困难时另辟蹊径、重新出发。

这个任务中相对简单的部分是，当孩子达到了我们眼中值得鼓励的底线时：一整个月，每次在幼儿园告别的时候她都会哭，而今天她没有哭。自然而然地，我们会鼓励她，晚上为她庆祝，给奶奶和外婆打电话，告诉她们这一喜讯。但她哭了而你试了所有办法（告诉她这样会令你难过，告诉她是时候说再见了，给她奖励，利用家长的权威）的那些天呢？你是否做到了包容她在告别时遇到的困难？不说太多，理解她，然后寻找她哭得没那么多的时候？或者是哭得没那么大声的时候？抑或只是在幼儿园门口哭了，但从家到幼儿园的路上都没有哭？或许是她更容易安静下来的时候？在这些时候，当你感到非常艰难但她仍旧没有达到你的底线时，你应该为每一个微小的变化而感到惊喜，询问她是如何做到的，告诉她她表现得特别棒，每天都会有新的进步，告诉她哭也没关系，你看到她正在很好地克服困难。正是当你在经历与他们相处中最艰难的时刻时，你才更应该说鼓励的话语。如果你能做到这一点，相信我——获得家长权威简直是小菜一碟。

但这并不是要你说"你真棒""你是我生命中的光""你是最漂亮的孩子"或"最聪明的孩子"这样的话。你的鼓励越有针对性，就渗透得越深。你必须在一个具体的时刻，由衷地对孩子的行为说出鼓励的话，这个时刻不一定是他们表现最好的时候，而应当是他们正在做正确的事情的时候。试想一下你妈妈来到你家，看到你的孩子，在你耳边轻声说："我爱你。"感觉不错吧？再想象她看到你准备晚餐、和孩子谈话的场景，然后她又在你的耳边轻声说："你是个多么棒的妈妈呀。你的耐心让我感到惊讶。你能够包容每个人的小毛病，积极乐观，打理好一切，这真的很难得。"或者试想你的父亲来到你家，往常他总是会很男人地拍拍你的肩膀，但这次他停下来和你说："听着，你是个好父亲！你在孩子的生活中很有存在感、有特别重要的意义。看到你花这么多时间陪伴他们，我真的替你感到高兴。当你们还是孩子的时候，我错失了这样的机会。"

你的话不必使用"最"字，也不必加上很多最高级，尽管它们的确能让人感到舒服和温暖。准确的鼓励语能够深入到根部，使树干变得更加强壮，让孩子知道自己拥有的那些美好品质。如果你的植物现在还没有开花，不要惊慌失措。记住，你给植物浇的鼓励之水能够赋予它生命力，而你的任务就是给它浇水。

而且，完全不存在过度鼓励的情况。如果你的鼓励很准确，那么小小的幼苗就会慢慢扎根到土壤中，而当他们遇到外界的困难时——他们总会遇到外界的困难——他们就会汲取土壤中的养分，记起他们知道如何克服困难、找到解决办法、开启新的篇章、耐心等待、不沮丧、慷慨大方、有责任感，也知道他们拥有许多其他品质。可如果身边最亲近的人都对他们的这些品质视而不见或一言不发、完全不受触动的话，那么他们怎么能够知道自己拥有这些品质呢？只有你说出来，他们才会知道。你从来不会听到一个成年人说："我的父母？他们从不指责我、从不批评我，他们接受我原本的样子，无条件地爱我、鼓励我、信任我，总是看到事情好的一面，他们这样做毁了我，毁了我的人生。"我们真正后悔的往往是我们没能说出口的事情，是我们因为自己的心事、只看到不好的事情或是用令人受伤的语言表达我们的善意而错失的那些瞬间。

要想看到孩子身上好的一面并告诉他们，我们首先要愿意接受这样的事实：他们像我们一样不完美。但鼓励的话语就像是自我实现的预言，就和让人绝望的话语一样。你对孩子说强迫的话，他们就会使用强迫的语言；你对他们说批评的话，他们就会使用批评的语言；你对他们说不满和沮丧的话，这些话就会转化为他们的内在话语；你对他们说指责的话，他们也能学会指责；而你对他们说信任的话，他们就会学着相信自己；你对他们说理解的话，他们就会懂得如何理解别人；你对他们说鼓励的话，他们就会知道如何给自己加油鼓劲；你对他们说亲密的话，他们就会知道如何与你亲近，也会感受到和你的亲近；你对他们说原谅的话，他们就会知道说声对不起其实没什么，并接受自己的不完美。

53

八年来，我一直在和目光看向别处的孩子说话

当时他只有两岁八个月零四天大。10月4日上午，我们约好了去儿童发展中心。前一天晚上，我就已经把要带的东西装在包里了，我记得带湿巾，带一瓶水以防他口渴，带他喜欢在车里玩的游戏，还在包里装了一些饼干。收拾包的过程让我松了口气，就好像自己在为明天打包一袋希望。我心想，希望你能打包好，为这样的生活做好准备。我希望评估员笑我是个焦虑的妈妈，说我的孩子特别棒，我们这趟是白去了。我希望我们能在回家的路上一起吃饼干，我打电话给正在开会的尤瓦尔，他接了电话，我们俩都如释重负地松一口气。我把一包烟放在厨房抽屉里，以备不时之需，但此刻我却找不到打火机。然后，一阵无助感突然向我袭来。

回家的路很陌生。我给我的漂亮男孩系好了安全带，启动刚刚从修车厂取回来的那辆旧的三菱汽车，以他喜欢的方式一遍又一遍地放他喜欢的那首歌。我的心怦怦直跳。随着时间的流逝，我隐约记起我应当详细记得的事情：关于范围，关于我们需要很多支持才能够解决他的问题。我没有像往常一样和他聊天。我想起之前我总

是会在车里给他唱歌，尽力逗他笑，学动物的叫声，问他问题，虽然他从未回答过我。而现在我甚至无法透过镜子看他，因为我真的太难受了。在儿童发展中心时，尤瓦尔给我发了两次信息，我都没有回复。真遗憾，我不能带着孩子去修车厂，我心想，我们的孩子出故障了，却没有修车厂能修好他，这是多么悲伤的事情啊。

我发现自己停在了尤瓦尔的办公室楼下，然后我给他发信息："我到你楼下了。"检查好空调开着，歌曲循环播放后，我在车外等待我的丈夫，手里拿着一根烟，但没有点燃。他很快就下来了，脸上担忧的神情让我更加痛苦。他什么也没问，只是抱住了我。我哭了出来，为我自己、为他、为我们早上还拥有现在却消失得无影无踪的完美孩子。我的哭声来自一个对我来说新的、不熟悉的地方——我的子宫。

两个月过去了，我们还是没有告诉任何人。我们还没准备好面对这个世界。我听过人们用同情、怜悯的语气讲述这个人的女儿或那个人的儿子的故事——他们的孩子患有注意缺陷障碍、自我调节问题、情绪困扰、自闭症、过敏、心理问题、发育迟缓、语言障碍。现在，人们也要用那样的目光看待我了。我没能创造出可以炫耀的完整无损的孩子。

我知道我不能一直这样困惑下去，我不能一直是三菱车外那个伤心欲绝的女人。我知道和我一起回到家中的孩子还是那天早上我带去的孩子——他是我的孩子，是我们的孩子，我们知道我们爱他胜过爱这世上其他的一切。但现在我必须面对别人贴在他身上的那个标签，是的，一开始，当我看向他时，我只能看到那个标签。

时间不分昼夜，所有的日子都被粘在了一起，变成了一个又一个月。

而时间留给我的只有极度的恐惧、沮丧和失败感。当你自己的故事突然被别人更换了标题，泄露了结局，而且这个结局还并不美满的时候，你需要很长一段时间才能够找到自己在故事中的位置。我们才刚刚启程——怎么会突然有一天，在孩子两岁零八个月的时候，就已经有人为我们写好了故事的结局呢？

一天晚上，他睡着后，我坐在阳台上，深吸一口气，想起他是我的孩子。早在任何医疗指南中的词汇或定义被用在他身上之前，他就是我的孩子了。我意识到我看待他的方式会决定他以后的道路，引导他走上自己的人生路，在他未来闯荡世界的时候扎根在他的心里。我意识到我就是他的修车厂，虽然我无法完全修好他，但我能够接受他、帮助他进步、当他的加油站、为他感到骄傲，而不是感到羞耻，我应当用前所未有的力量为他而战。之后，每当情况变得很难时，我都会来到阳台，让自己记起我是他生命中最重要的人，我是他头顶的那片天空，是他脚下的那片土地。我已经准备好为我的人生而战，为我们的人生而战。我也准备好向全世界宣告他是我心爱的男孩。

我不确定我们是什么时候明确说出"自闭症"这个词的。但每当我听到这个词，我总是会像第一次听到时那么难过。仔细想想，这个词语如何能够定义孩子所遭受的诸多困难，感受到的诸多细微差别？把所有这些全都丢到一个角落里，贴上同一个标签，只会令人感到极大的不公。

有一次，当他遇到一个特别的困难时，我们和他进行了一次谈话，告诉了他有关自闭症的事情。我们尽力让他明白这不是他的错，他觉得事情对他比对其他人更困难是有原因的。此后，每当他遇到不同的困难，我们都会和他进行谈话，给他不同的爱、不同的鼓励，因为你如何能够鼓励一个自闭症儿童呢？最简单的做法就是鼓励他理解当前的情况，和他谈谈变化给他带来的恐惧，谈谈当我们换了客厅沙发，客厅对他来说突然间不是从前的样子时，他需要鼓起勇气才能踏出房门，谈谈当他没办法战胜困难时对自己的气恼。当你丢掉标签、抛下恐惧和孩子进行谈话时，事情好像就和"自闭症"关系不大了。

当我们为他庆祝十六岁生日的时候，我和他一起站在了那个阳台上。我告诉他，我为他取得的进步、他遇到困难时的应对方式和不服输的劲头感到无比自豪。我告诉他，如果他三岁时有人告诉我，他在十六岁那年能够和我聊天，有时甚至能直视我的眼睛，如此聪明，能够在学习助手的帮助下去正常学校读书，不为自己感到羞耻；如果有人告诉我，我和他爸爸给予他的爱能够帮助他找到自信和快乐，怀有每天都会变得更好的愿望，那么他坐在三菱车里的那天，我就不会那么担忧了。

我告诉他，当他三岁时，我被告知他得了自闭症，我非常难过。而且就算是今天，有时当我看到他遇到困难时，他为自己无法理解这个世界的规则、词语和表达而对自己感到气恼时，他担心自己如何才能找到真爱，如何能够知道班里的女孩是否喜欢他时，我还是会记起他三岁时我感受到的难过。但是我又会想到，现在的我已经不会再像当时那样难过了，因为这些年来，他让我学会了相信他，教会了我什么能够鼓励到他、让他冷静下来，甚至让我知道了他是怎样努力学习新事物的。这些年来，我只需要倾听他，因为他是很棒的老师。

我没有告诉他，有多少个晚上，我站在那个阳台上咒骂星星，又有多少个晚上，我觉得自己再也没有力气去做任何事了，没有力气相信他、为他感到难过、为自己感到难过、听专家做出悲观的预测、告诉新的学习助手他需要的东西、包容他的脾气,也没有力气和尤瓦尔争辩能够和应该要求他做什么事,或是不能和应该为他做什么事,保护他远离刻薄的孩子,和他一起因为交不到朋友而哭泣,当他这个年纪的孩子在俱乐部接吻、跳舞的时候陪他一起待在家里,和他一起去新的地方,看看这对他来说有多困难。老天见证了我最隐秘的祈祷:拜托,赐给他一个朋友吧;拜托,让他学会自己洗澡吧;拜托,让他能表达自己的感受,而不是伤害自己;拜托,让他少发出奇怪的声音,让他能听懂玩笑,知道如何骑自行车,顺利地度过班级旅行,如果有人在一英里^①外喊叫,也不会觉得那是在冲他叫嚷。拜托,让我们有足够的钱承担这个不可能完成的使命,给他提供他所需要的一切。拜托,拜托,拜托。

在我和他一起回屋参加我们为他举办的生日晚宴前,我问他会不会介意我一个人在阳台上待几分钟。他笑着说:"妈妈,你做什么我都不会介意的。"然后他关上了身后的玻璃门。我做了个深呼吸,想到我们举办晚宴来庆祝他的生日,想到一切付出最终都得到了回报。也许我们是幸运的,因为给他诊治过的专家都信誓旦旦地告诉我们,他永远无法独立生活,永远无法在正常的学校读书,甚至可能不会说话或交流。他们告诉我,要做好这个孩子与世界脱节的准备。但从最深层次的意义上来说,我知道这不仅仅是幸运,而是难以想象的艰苦努力。

我还记得他八岁时学会跟我进行眼神交流的场景。八年来,我一直在和目光看向别处的孩子交流。我从未看到过他的表情。有

---

① 1英里约合1.61千米。

一天，我们站在厨房时，我递给他一块农家干酪，让他放到桌子上（我坚持每天让他帮忙做些事情），他偶然间完全看向了我。我用双手兴奋地捧起他的脸，声音颤抖地说："就是这样！你做到了！你正在看着我的眼睛！我的孩子能够看着我的眼睛了！爸爸，快来看刚刚发生了什么。你做到了！你做到了！我们做到了！我们做到了！"然后我开始在厨房里跳滑稽的舞蹈，他笑了，和我们一起兴奋起来。

后来，我们决定不再继续聘请陪伴我们六个月的儿童行为专家，这位专家主张采用严厉的方法，使用图表和奖惩来帮助孩子。我知道这种办法在其他孩子身上效果很好，但我内心深处从一开始就感受到，这种方法不适合我们家。我知道，只有快乐和兴奋才能让我的孩子从休眠的状态苏醒，教会他什么是正确的，重视有效的事情。因此，两年里，每当他和我们有眼神交流时，我们都会为他庆祝——庆祝他能够看着我们的眼睛，庆祝他取得的小小成就——而当他选择看向别处时，我们也不会说什么。渐渐地，美好的种子开始生根发芽，快乐占了上风，我们之间也能有越来越多的眼神交流，而每一次我们都会被这种交流所打动。

每天结束时，我都会提醒自己，我并不是问题所在。他也不是发生在我身上的可怕事情。问题不在于我能够做什么、我犯了什么错误或是我们有多可怜。每天结束时，我都会强迫自己抛开恐惧和内疚，不去想可怕的事情和做消极的预测，而是去寻找他表现好的地方，相信明天会更好，保持乐观，在这次糟糕的困境中探索能够变好的机会。是的，治疗师的确很重要，好的教育和专家也很重要，但没有什么解决方案比得上信任，没有什么治疗方法比得上一直看到孩子做得好的地方，并鼓励他继续这样做，哪怕大多数事情他都做不好。我们的日常任务是找到他做得好的地方，甚至在进步之芽还没发出时就看到它们，而只有当你每天都能够记得并感激他做到的事情，你才能真正完成任务。

如今，我拥有一个完全不同的孩子。他时而有点奇怪、特别酷、幽默、聪明、懂得爱人，但在遇到新情况时，还是会练习五十次才能在他的手册里将其归类，并感受到自己正在取得成功。在我身后，是无数个充满绝望、沮丧和恐惧的阴暗日子；在我身前，还需要付出很多年的艰苦努力；而在我头顶，是一片美丽的星空，虽然有时候看到星星有点难，但它们一直都在那里，不曾离去。

— 54 —

"怎么了，亲爱的？"

  如果我的整个方法、观点和我将它们运用到日常现实的方式都只是一个巨大的错误，我该怎么办呢？难道说我这种过度的觉知都只是为了满足我不愿意或不能成为权威型家长的需要？也许我想要理解孩子内心语言的愿望是个阻碍？也许一切本该呈现完全不同的面貌——用更多命令式的语言清楚地表达，而问题和疑虑则应该越少越好？也许人本主义的尝试并不适合由父母、规矩和孩子所构成的家庭单位？

  我希望你可以先使用一种方法教育孩子，再采取另一种方法进行第二次尝试。以我的二儿子约阿夫为例。他七岁时第一次遇到学习上的困难的时候，我会带他去做检查，然后每天坐下来陪他一起写作业。无论他喜欢与否，他都能学会阅读，学会英语，学会有条理地做事。的确，在这个过程中我们会发生争吵，他会懊恼地大哭，感到不被理解，恨他自己也恨我，然后我们会一起与不知道从哪里来的自卑做斗争，但到了三年级的时候，他就能够赶上其他人了。而他拒绝读书时，我会强迫他去读，就像我让他一定要系安全带一样,因为在我眼里,这是非常重要的事情,因为日后他会因此感谢我,而且谁会希望自己的孩子不识字呢?所以我会与他的学习障碍做斗争,在这期间,我也不可避免地与他做斗争。但充满希望的是,他的抵抗会越来越少,慢慢地,他会受到更多的教育、成长、服从那种我知道对他来说最好的方法。而他呢?他只需要当一个听话的士兵就行了,因为一切都是为了他好,因为他最终会得到回报。

说实话,有些时候我会觉得养育听话的士兵挺好的,特别是在面对有五个孩子的混乱场面时,五个不同的灵魂,各自拥有不同的需求、愿望、复杂的性格,以及每天、每小时都会与我自己的需要、与其他家庭成员的需要发生冲突的迫切需要。

所以,当我们对心爱的孩子进行第二次尝试时,已经到了他二年级的时候。老师会提醒我们,空无一字的笔记本也会向我们诉说,但我会告诉自己和他的父亲:"再等等,我们要给他一些时间。"因为当我真的坐下来陪他一起写作业时,在几天时间里,他就能够记得写作业的事情,而我会被他表现出的责任心所打动,他也会理解自己的做法。"所以也许我们可以给他提供一些纠正指导,"我告诉他的父亲,"但是我们要给他一些时间,一起找到他擅长的科目,他迸发出成功火花或展现出天赋的地方,然后从这个地方入手。"虽然这样做老师会不太高兴,但至少我们没有给他一种他有缺陷的感觉。

哪怕是在三年级做了筛查测验以后,我们意识到他身上还有很多"问题",我们也没有让他直面这件事,没有强迫他或和他对抗。我们发现他很擅长数学,所以开始加强他数学方面的能力。他会去上数学的私教课。我们会对他其他科目上的不及格视而不见,让他在做得到的事情上努力。等他长大一些后，我们会开始和他进行谈话，谈谈我们作为父母的期许、他的挫败感、我们应该怎样定义他的成功。我们之间会达成一致，他会努力，而我们会在事情变得困难时给予他帮助。我们不会让他对自己的能力产生怀疑，一秒都不会，但我们会为他标记出小目标，然后鼓励他向上攀登。

故事并不会以这个孩子的成绩名列前茅结束，也不会以如何用和睦的方式克服学习障碍的TED演讲结束。今天，我念高中的孩子每天还是会对基础的学习任务感到吃力，这些任务他十二岁的妹妹可能还在子宫里的时候就能够完成了。但是他擅长数学，非常擅长。老师们对他很满意，虽然他们会这么想（这么说）："真可惜，如果他能更努力一点，就更能意识到自己的潜能了，但现在他在课堂上已经表现得很积极了，这很棒。听他发表对教学问题的看法真的非常有意思。"他的笔记本还是空空如也，他和我们还是会有挫败感，等他们的成绩单发下来后，我们会关注每个班主任对他、对他数学成绩的赞赏。

当学校里关于成功重要性的那些令人不安的信息不断回荡在我耳边时，我庆幸自己没有强迫他，庆幸我们作为父母，没有选择以某一种形式的成功为由伤害我们这么棒的孩子。因为我们的孩子是快乐的，他完全相信我们，愿意与我们分享他所有异常艰难的感受以及他对自己、对生活的不确定。我们的孩子是平和的，他能够平和地面对不切实际的期望、批评以及存在于所有患有学习障碍的孩子身上的艰难感受，而随着时间的推移，他也能够平和地面对学习障碍本身。我们的孩子可能会在高中经历失败，但我毫不怀疑他的人生会取得成功。

在更困难的时刻，在生活打败了我，在我感到筋疲力尽、厌倦了坚持只看到他好的一面和他能做到的事情的时刻，我也会产生怀疑。在这样的时刻，我会问自己是不是犯过错误。也许如果我强迫那个决定放弃的青少年去上芭蕾舞课的话，她就不会无所事事，没精打采地抱怨自己有多么无聊、在社交上有多么困难或者她看起来有多么难看了？也许如果我少听她的话或是没那么了解她的需要，只是知道这对她来说是件好事，知道我们家的字典里没有放弃这个词，去上芭蕾舞课非常重要，即使我得把她拽到课上，她也得去，不管发生什么——也许这样我就不必在她最困难的时候面对如此艰难的问题了？也许在另一种情形下，此时此刻她会正在去上芭蕾舞课的路上，处理她在那里遇到的所有问题，忙得几乎没有时间去想她自己的问题和跟我的问题？

假如孩子小时候第一次表现无礼的时候，就受到指责、感到害怕，深刻认识到在家里他们需要尊重父母、不能表现无礼，即便生气的时候也不能，那会怎么样呢？四岁时，你不许说"笨蛋"；六岁时，你不许说"我恨你"；十二岁时，你不许说"离开我的房间"；十五岁时，你就一定不会在我背后轻蔑地模仿我了吗？也许如果他受到严厉的指责，我就不会在面对这个孩子时束手无策了，他在大部分情况下都会恭恭敬敬地和我说话，但也会在生气时感到格外困惑？因为哪个十七年来反复呼吁要用最人性化的方法育儿的妈妈会想让孩子用不尊重的语气和她说话？别说妈妈了，亲子顾问也一样。哪个亲子顾问会想要自己的孩子缺乏动力、缺少社交？想要孩子不配合最终逼得父母决定捡起家长权威？想要孩子顶嘴、争辩、充满个性、把事情弄得一团糟、感到生气和无聊、不愿帮忙、只顾自己、遇到困难、碰一鼻子灰、走一步退两步、走两步退一步呢？

但这种消极的意识流不是我的风格,我始终会提醒自己,他们是我的孩子,虽然他们会失败、让我尴尬、烦人、懒散、逃避、放弃,但他们还是最棒的人。他们幽默、独立;不吵架时,他们互相帮助;方法奏效时,他们会帮家里做家务;他们会在自己归属的每个组织中以自己的方式做出贡献、发挥作用。他们是善良的人,体谅他人、理解弱者;他们既留意自己的事情,也与世界共享他们的想法。他们懂得如何表达自己的情感、理解他人的情感,知道如何让自己快乐,也让他人快乐,懂得如何去爱。能够以这种方式看待他们的确取决于不同的日子、不同的时间和我不同的情绪状态,但主要取决于我们能够理解这样的道理:作为成年人的我们尚且不完美,他们更无法做到尽善尽美,而培养出优秀的孩子是需要时间的。是的,即便对亲子顾问来说也是如此。虽然她陪伴无数家庭共同塑造亲子关系,经历了奇妙的过程,但她所使用的方法也不会一直奏效,她也做不到每天早上在整洁的房子里,伴着古典音乐,和彬彬有礼的孩子一起醒来。

每天早上起床后,我都会开始去做世上最困难的工作——为人父母,并不是为了证明我是正确的、高贵的,甚至也不是为了得到孩子的感激。而就在我对自己所选择的道路感到迷茫不已时,其中一个孩子突然在另一个房间呼唤我,我立即回答道:"怎么了,亲爱的?"对孩子的本能回应提醒我,到最后,这就是故事的全部。